しなやかな
こころを
はぐくむ

こころの
スキルアップ教育
の理論と実践

大野　裕・中野有美　編著

認知行動療法教育研究会　著

大修館書店

はじめに

　本書で紹介する「こころのスキルアップ教育プログラム」は，子どもたちの情緒の安定とストレスへの対処力を高めることをめざした，こころをはぐくむための授業プログラムです。
　本書で示した授業を先生方に学校でおこなっていただくことにより，子どもたちが自分自身の"こころ"との向き合い方を学び，こころがつらくなったときや具体的な問題が生じた際の対処の仕方について考え，学んでいくことができる内容となっています。また，これらの内容についてクラスのみんなで一緒に考えることで，自己理解，他者理解を深めることもめざしています。
　一方，先生方にとっては，子どもたち一人ひとりの考え方を知るよい機会となり，クラスのみんながお互いに思いやりの気持ちをもって，元気で楽しく過ごせる学級運営をおこなうことができるようになるでしょう。
　これらのよい循環が促進されるように，是非役立てていただきたいと思います。
　本プログラムは，この数年，精神科医療に導入され広がりをみせている心理的支援法の1つである「認知行動療法（Cognitive Behavioral Therapy：CBT）」の理論をベースにして展開しています（認知行動療法については，第1章から第4章であらためて詳しく紹介します）。
　ここでは，プログラムがつくられた背景とプログラムの特徴，授業実践に向けて私たちがおこなっている支援活動について，概要を簡単に紹介します。

プログラムを作成したきっかけ

　プログラムの作成は，20年近くもの間にわたって荒れに荒れて，多くの先生方が様々な方法を使って対処を試みてもうまく成果が出ず，もはや手の施しようがないと烙印を押されかけていたある公立中学校（仮にA中学校とします）を，短期間で再生させた実話に端を発しています。
　当時のA中学校は，校舎の廊下の天井はボールや傘の先端などで攻撃されて常にボコボコと穴が開いている，トイレのドアや便器ははずされたり壊されたりして，修理しても数日後にはまたはずされ壊される，の繰り返しといった具合で，生徒は授業に集中することができず，赴任した先生方も対処のしようがないとお手上げの状態でした。
　そうした状況が続く中で，2000年代も半ばに差しかかった頃，A中学校の先生方は再び立ち上がりました。問題を解決するためには具体的にどのような取り組みが必要かといったことについて先生方の間で十分な話し合いをおこない，その後，解決に向けて実際に取り組みをおこなうに当たって保護者や地域の方々と話し合い，理解と協力をとりつけました。
　具体的な取り組みとしては，まず，教師が生徒に対して「こころの成長」や「友人や家族，地

域との関係」などについて授業をおこないました。生徒はそれらの授業で得た知識を活用して，次第に学校内や地域の様々な問題を取り上げるようになり，それらを解決するためにみんなで話し合って行動計画を立て，それをみんなで実行に移す，といったプロセスをそれぞれの問題ごとに少しずつ実践していきました。こうした活動を通じて，A中学校は3年あまりで暴力行為，物品破損が激減し，生徒が安心して教育を受けることができる落ち着いた中学校へと戻っていったのです。

　ここまで荒れている中学校は，現在の日本の中で決して多数派ではありません。しかし，このA中学校の再生の過程に立ち会い，協力したスクールカウンセラーで，本書の著者の1人である高橋チカ子は，A中学校で使われた方法がどのような学校であっても，子どものこころの成長のために生かせることに気づきました。それは，A中学校を再生させたこの方法が自分が専門とする心理的支援法である「認知行動療法」の理論や手法と深く結び付いていたからです。さらにそれは，子ども個人の困難に対処する力を育てるとともに，子ども同士，子どもと教師とをつなぎ，学校という場所がみんなにとって明日への希望を感じる楽しい場所になることを感じ取りました。

　そこで，認知行動療法の原理を取り入れた「こころをはぐくむ授業」が学校でできるように，授業プログラムを開発することを決意しました。スクールカウンセラー仲間から一緒に活動するメンバーを募り，国立精神・神経医療研究センター　認知行動療法センターの大野裕と協力して，認知行動療法教育研究会（http://www.cbt-education.org/，以下，教育研究会）を立ち上げ，メンバー全員でプログラムの作成に取りかかりました。

　本書の刊行にたどり着くまでには，いくつかの教育現場にお願いをして実際に授業の試行を何度も繰り返し，内容の改良を積み重ねてきました。ご協力を下さった方々に，この場を借りて厚く御礼申し上げます。

本プログラムの特徴

　本プログラムは，基本的にはクラス担任の教師が受けもちクラスの子どもたちに対して授業をおこなう，というコンセプトでつくられています。そして，各授業の内容は，先生方の理解が容易に進み，すぐに授業に臨めるように，先生方が慣れ親しんでいる学習指導案（以下，指導案）のスタイルで示しています（第5章参照）。

　5つの単元で構成され，各授業は配当時間を45分と想定した指導内容となっており，合計11回分の授業を用意しています。プログラムで示した順番にしたがって授業を実施していただくことで，子どもたちがこころをはぐくむための知識や技術（スキル）を無理なく増やすことができ，発展させていくことができる構成になっています。

　しかし，示された通りの順番で，すべての授業をおこなっていただくということを想定しているのではなく，基本的には先生方が自身の担当するクラスに必要だと思う部分の授業を，必要なだけ実施して下さればよいと考えています。

　ところで，本プログラムの授業を初めて実施する場合は，授業の雰囲気や子どもたちの反応も

想像し難いでしょうし，こうした内容・形式の授業にまだ慣れていない間は，どの部分をどれくらい実施すべきか判断することは難しいと感じる方も少なくないと思います。その場合には，何よりもまず指導案1「できごと・考え・気分をつかまえる」(p.62) を実施してみることをおすすめします。この授業は，「つらい気持ちと向き合いこころを整理する方法を学ぶ」ことがテーマです。本プログラム全体の根底にある認知行動療法の基本原理を学ぶところでもあるので，その他の部分を実施する予定がある場合でも，必ず最初におこなってほしい授業です。この大切な指導案1の授業が実施しやすいように，実際の授業の様子を撮影した動画を付属のDVDに収録しました。

他の単元がどのようなものなのか知りたい場合には，それぞれの単元の最初に書かれている解説の部分にまず目を通してみて下さい。そして，興味がわいた単元，自身のクラスに必要だと思われた単元の授業を実施いただくことをおすすめします。

本プログラムの授業に慣れてきたら，日頃実施されている教科の授業と同様，根底に流れている認知行動療法の原理を守りながら，より創造的・発展的に授業を展開していっていただければ何よりもうれしいことです。

普及活動とフォローアップ

プログラムの内容を指導案の形で示し，指導案1の授業の動画を用意しましたが，それでもなお，初めの一歩は踏み出しづらいものです。

私たち教育研究会は，一般社団法人認知行動療研修開発センター（CBTT：Center for the Development of Cognitve Behavior Therapy Training, http://cbtt.jp/）の協力のもと，全国の中学校の先生方を中心に，小学校，高等学校，専修学校，大学をも対象として，授業支援活動をおこなっています。

具体的には，要請があった自治体や学校に対し，認知行動療法が子どもたちだけでなく一般の生活の中でどのように役立つかといった説明や，授業を実施してみて難しかった点，困った点についての助言など，先生方のニーズに応じて可能な範囲で支援をおこなっています。

さらに，授業を実践されている先生方の間でネットワークが構築され，お互い切磋琢磨できるように推進委員会を組織，運営することをおすすめしています。

それでは，第1章から，本プログラムの理論的背景になっている認知行動療法について紹介していきましょう。認知行動療法は，日頃の自分への向き合い方やストレスへの対処法として，子どもたちに限らず，どなたでも活用いただけるものです。学校や家庭での生活でしばしば生じるできごとを例にとりながら，できるだけ具体的にわかりやすく説明していきたいと思います。

なお，付属のDVDには，認知行動療法のエッセンスを簡単に説明したリーフレットのデータも収録されています（URLや書籍の価格などの情報は2015年1月現在のもの）。必要に応じてコピーして教育用資材として利用して下さい。

目次

はじめに　iii

第Ⅰ部　こころのスキルアップ教育を支える理論
　　　　　―認知行動療法のエッセンス―　1

第1章　認知行動療法を用いたこころの整理法　2

1　認知行動療法とは　2
2　認知行動療法の原理　3
　　「気分」は「考え（自動思考）」の影響を受ける　3
　　「できごと」「考え（自動思考）」「気分」をつかまえる　5
　　同じ状況に直面しても，気分や考えは人それぞれ　5
　　こころの力を取り戻す　6
3　コラム法によるこころの整理　7
　　コラム法とは　7
　　コラム法の具体的な手順　7
　　こころのクセ　11
　　コラム法を活用するためのサポート　12
4　「行動」と「気分」，「考え」との関係　12
　　「行動」も「気分」や「考え」とつながっている　12
　　「気分」に対する「考え」の影響，「行動」の影響　13

第2章　問題を見極め解決していくプロセス　16

1　問題解決技法とは　16
2　問題解決技法の活用　19
3　問題解決技法を活用するメリット　26

第3章　怒りへの向き合い方　28

1　怒りに関係する考えと行動　28
　　怒りに関する先入観　28
　　怒り感情が引き起こすからだの生理的な反応　29
2　怒りへの対処プロセス　30
　　怒りに向き合い，処理するためのコツ　30
3　怒りへの対処の実践　33

第4章　相手を思いやり，自分を大切にするコミュニケーション　38

- 1　コミュニケーションパターンの把握　38
  - 対人関係には法則がある　39
  - 相手への対応の仕方を変えることが，関係のあり方の変化の第一歩　42
- 2　友好的な関係をはぐくむコミュニケーションのとり方　43
  - 友好的な関係の基礎は安心感　43
  - 相手の気分に寄り添う，感謝の気持ちを言葉で伝える　44
- 3　目的のない会話を続けるための工夫　45
  - 相手が続けて話したくなる返答の仕方　45
  - 開かれた質問をこころがける　46
- 4　自分の意見や要望を伝えるためのコミュニケーションのとり方　47
  - 相手に自分の意見や要望を伝えるときの3つの話し方　47
  - アサーティブな対応の組み立て方　49
  - より簡単にアサーティブな対応を導き出す方法　50
- 5　アサーティブな対応の難しさ　50
  - アサーティブに対応することを難しくさせている「考え」　50
  - 常に自分の意見を主張すればよいというものでもない　51
- 6　怒り感情との関係　51
  - アグレッシブな対応は自分の怒りを相手にぶつけることになる　51
  - ノン・アサーティブな対応による怒りの蓄積　52
  - アサーティブな対応をするために怒りは横に置いておく　53

第Ⅱ部　こころのスキルアップ教育の実践
―認知行動療法の学校での活用―　55

第5章　こころのスキルアップ教育プログラム　56

- こころのスキルアップ教育プログラムとは　56
  - プログラムの内容構成　56
  - 授業を実践するに当たって　58
  - 実際に授業を受けた子どもたち，授業を実践した先生方の感想　59
- 単元1　こころを整理するスキル　61
  - 指導案1　できごと・考え・気分をつかまえる　62
  - 指導案2　友達の悩みを整理する①　70
  - 指導案3　友達の悩みを整理する②　78
  - 指導案4　自分の悩みを整理する　84
- 単元2　問題解決のスキル　89
  - 指導案5　クラスの問題に取り組む　90
  - 指導案6　自分の問題に取り組む　96
- 単元3　怒りに向き合うスキル　103
  - 指導案7　怒りって何だろう　104
  - 指導案8　怒りと付き合う　110

単元4　コミュニケーションスキル　117
　　　指導案9　「ノー」と言えないとき　118
　　　指導案10　アサーションのスキルを学ぶ　124
単元5　こころのスキルアップ教育のまとめ　133
　　　指導案11　学んだことを劇で表現する　134

第6章　こころのスキルアップ教育プログラム特別支援学級編　144

特別支援学級編とは　144
　　特別支援学級向けに工夫した点　144
　　プログラムのねらいと内容構成　145
　　指導案1　みんなと仲良くなろう　146
　　指導案2　6コマまんがをつくろう　150
　　指導案3　みんなで写真を撮ろう①　152
　　指導案4　みんなで写真を撮ろう②　154

第7章　認知行動療法の手法を活用した保健室での子どもとの関わり　156

1　保健室での子どもとの関わりに活用するメリット　156
　　保健室での活用を考えたきっかけ　156
　　子どもの気持ち（気分や考え）に注目した関わり　157
　　より適切な対応が可能な次の相手に"つなぐ"という役割　158
2　こころがつらくて保健室に訪ねてきた子どもとの関わり方　159
　　子どもが体験した気分に注目して話を聴く　159
　　その気分とともにある子どもの考えを把握する　161
3　次の相手に"つなぐ"ために必要な情報　164
4　子どものこころを"見守る"保健室の役割　164

第8章　認知行動療法の手法を活用した学校での相談活動　166

1　学校での相談活動に活用するメリット　166
　　スクールカウンセラーに認知行動療法を紹介しようと思ったきっかけ　166
　　相談室の役割と認知行動療法　166
　　コラム法を活用した相談活動のすすめ　167
2　コラム法を活用した相談活動の実践のために　168
　　5つのコラム　168
3　それぞれのコラムを活用した相談活動　172
4　子どものこころを"整える"相談室の役割　178

おわりに　179
付録　7つのコラム　181／5つのコラム　182
付属DVD　授業で使用する掲示物・配布物のデータ／指導案1の模擬授業ハイライト映像／リーフレット

第Ⅰ部

こころのスキルアップ教育を支える理論
──認知行動療法のエッセンス──

第1章 認知行動療法を用いたこころの整理法

1 認知行動療法とは

　認知行動療法は,「その人のもののとらえ方（考え,認知）が,気分（感情）とからだの反応,行動に大きく影響している」という原理を用いて,自分の考えを見つめ直すことにより,抑うつ感や不安感といった"つらい気持ち"を緩和することをめざした精神療法（カウンセリング）です。1960年代に,アメリカの精神科医アーロン・T・ベック博士によって提唱され,うつ病などの精神疾患（こころの病気）に対する治療法として発展してきました[1]。日本でもこの数年間,精神科医療の現場において,症状の改善が期待される治療法として,さかんに用いられるようになってきています。

　最近では,精神疾患にとどまらず,身体疾患（からだの病気）にともなう精神症状の改善や,精神的ストレスの要因となり得る問題を解消するために利用されるなど,適用の範囲が広がっています。さらには,精神疾患にかかるリスクが高い人たちに対する予防効果が認められるなど,予防医学の観点からも注目を浴びるようになってきました。

　うつ病の治療では薬物療法（医薬品を用いた治療）が使われることが多いのですが,軽症のうつ病の場合には,ストレスをはねのける力（レジリエンス）をのばすことが大切であると指摘される[2]など,認知行動療法を用いてレジリエンスを高める試みがさかんになっています[3]。

　精神疾患のために医療の手助けが必要という段階までにはいたっておらず,その手前で何とか踏みとどまっている人や,何か具体的なストレスに悩んでいたりする人の場合は,認知行動療法を用いれば,問題解決に向かう道を"自分の力"で開くことができるようになります。

　2000年以降,学校の教職員に限らず休職者の数が増加の一途をたどっています。それは,メンタル不調による休職者が増えたためです[4]。そうした状況の中,日本の多くの職場で,メンタル不調を原因とした休職者への支援としてはもちろん,健康に働く人たちのメンタルヘルス対策として,認知行動療法が推奨されるようになってきています[5]。

　学校現場においても,抑うつ症状やいじめを減少させることを目的とした活用例が国内外で報告されるようになってきました[6]。私たちも（椙山女学園大学人間関係学部と認知行動療法教育研究会とのタイアップ）,ある中学校の協力をいただき調査を実施しました。その結果,本書で紹介する「こころのスキルアップ教育プログラム」の最初の授業である,指導案1「できごと・考え・気分をつかまえる」(p.62)を実施することによって,気分が沈みがちであったり,楽しい気持ちになれなくなっている抑うつ傾向のある子どもの気分が楽になる（抑うつ感が有意に減少する）ことを確認しています。

本書は，子どもたちのこころの成長と健康のためにつくられたものですが，認知行動療法は，今この本を手にとって読んでいただいている学校の先生方自身，あるいは子どもたちの保護者の方々，そしてその家族や周囲の方々のこころの健康にも大いに役立つものです。

　ですから，何よりもまず読者自身に認知行動療法を理解していただき，そのよさを実感していただきたいのです。なぜなら，それによって「こころのスキルアップ教育」の授業をよりよい形で展開していただけるようになるだけでなく，先生方自身のメンタルヘルス対策にとっても非常に大切だからです。

2　認知行動療法の原理

▶「気分」は「考え（自動思考）」の影響を受ける

　それではここから，認知行動療法の原理を用いたこころの整理の仕方についてごく簡単に紹介していきます。

　私たちがこころを整理したくなるのは，「悲しい」「心配だ」「腹が立つ」「焦る」といった"マイナスの気分"でこころの中が満たされるような，つらいできごとが起きたときです。あなたにとって，マイナスの気分とはどのような気分でしょうか。最近，どのようなマイナスの気分を体験しましたか。

　ここで，誰もが体験する可能性がある身近な例を使って，「気分」と「考え」の関係について，一緒にみていきましょう。

事例1

　Aさんは，同世代で同性の友人Iさんと連絡をとろうと，ケータイに電話をしてみましたが，何度かけても相手が電話に出ません。次の日まで待ってみましたが，Iさんから電話がかかってくることはありませんでした。知り合いになって3年近くになりますが，こんなに連絡がとれなかったことは，これまで一度もありません。
　また実は，2人は，これまで月に1回くらいのペースで一緒に食事をするなどして会っていたのですが，最近3か月間に限っては，都合が合わないなどの理由で会食も途絶えている，という事情があります。

　もし，あなたがAさんの立場だとしたら，このような状況で，どのような気分になるでしょうか。

　人間は，ある1つの状況に対して，同時にあるいは時間とともにいろいろな気分（感情）を経験します。「1日待っても連絡がない」という状況に対して，あなたは，ふっと，どのような気分を感じるでしょうか。次の中から，当てはまるものをすべて選んでみて下さい。

・さびしい　・悲しい　・むなしい　・心配だ　・不安だ　・イライラする　・腹が立つ
・その他（　　　　　）（　　　　　）（　　　　　）（　　　　　）

「ある1つの気分をとても強く感じる」という人から、「いくつかの気分を同時に感じて、複雑だ」という人まで、様々でしょう。

では次に、それぞれの気分とともに、どのような考えがこころの中に浮かんできたか、**表1-1**に書き出してみて下さい。

書き出してみて気づいたかもしれませんが、人間のこころの中では、「気分」と「考え」がお互いに強く影響し合っています。つまり、今、自分が体験している状況（できごと）について、それが自分自身にとってどのような意味があるととらえるか（考えるか）によって、気分が決まってくる、といった一連の流れが日々の生活の中で繰り返されています（**図1-1**）。

認知行動療法では、この「考え」のことを、こころの中に自動的に浮かんでくるものであるということから、「自動思考（automatic thought）」と呼んでいます。

「気分は、考え（自動思考）の影響を受ける」というこころの仕組みを使って、わき起こった「気

表1-1　気分とともに浮かんだ考え

気分	そのとき浮かんだ考え
(例) さびしい	他にもっと楽しいことがあって、私のことはどうでもよくなっているのだろう。

図1-1　こころの動き図

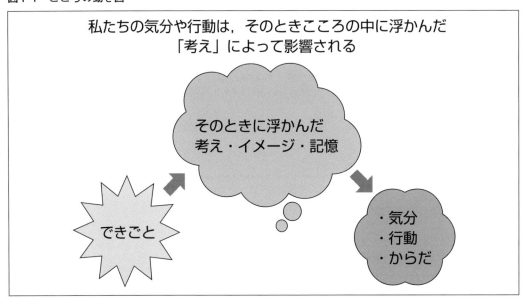

分」を手がかりにして自分のこころを見つめ直してみると，自分の考えていることに気づきやすくなり，こころを整理しやすくなります。

▶「できごと」「考え（自動思考）」「気分」をつかまえる

　私たちは誰でも，ある状況に直面してつらい気持ちになったときに，こころを落ち着かせるための何らかの方法をもち合わせています。例えば，家族にそのできごとを話す，アルコールで発散するなど，人それぞれ独自の方法があります。

　認知行動療法では，目の前にあるメモ用紙やノートなどに，「気分」とそのときこころに浮かんだ「考え（自動思考）」を書き出すという作業をすることによって，こころを整理し，落ち着きを取り戻すきっかけをつくり出すことをすすめます。

　単に"書き出す"という作業をするだけでも，自分のこころの中にある「気持ち（気分や考え）」を一度自分の外に取り出すことになります。そうすることで，人間は自分の気持ちをこころの中に閉じ込めていたときよりも，むしろ冷静さを取り戻しやすくなります。そして，自分が置かれているつらい状況を客観的に見直す（＝向き合う）きっかけや勇気が生まれるのです。

　それでは，あなたが最近体験したマイナスの気分について，そのときの状況とこころの中に浮かんできた考えを表1-2に書き出して，こころを整理してみましょう。

▶ 同じ状況に直面しても，気分や考えは人それぞれ

　ここで気づいていただきたい重要なことが，もう1つあります。

　事例1（p.3）の「電話が通じない」という状況について自分の周りにいる人に話して，その状況からその人がどのような気分になるか，どのような考えが浮かぶか，尋ねてみて下さい。

　いかがでしょう。返ってきた答えが，自分の考えと違っていることが少なくないのではないでしょうか。

表1-2　自分と向き合うシート

状況	そのとき浮かんだ考え
①	
②	
③	

同じ状況に直面したとしても，そこからわき起こる気分の"種類"が基本的に違っている，あるいは，同じような気分になったとしても"考えること"が違っている，という場合がよくあります。表1-1（p.4）に，「気分」と「考え」について，それぞれ1つずつ例を挙げていますが，「それと同じようなことを思うかもしれない」という人もいれば，「自分は，おそらくそんな考えは浮かんでこない」という人もいるでしょう。

何らかの原因によってこころがつらくなったときに，「気分」とそのときに浮かんだ「考え」を書き出してみることのもう1つの効果がここにあります。この方法を用いて簡単にこころの整理をする習慣を身につけることによって，「同じ状況に直面しても，感じ方や思うことは人によって違う」という，いわば当たり前だけれども忘れてしまいがちなことをいつでも思い出すことができるようになります。

▶ こころの力を取り戻す

これに対し，「わざわざ紙に書き出さなくても，私たちが日々の生活の中ですでにいつの間にかおこなっていることではないか」「壁にぶつかれば，自分に何が起こったか，それに対して自分はどうすべきか，ふだんから自分で考える習慣はある。それに，ある状況について他の人ととらえ方や考えることが違うのは，当たり前ではないか」といった反論がよくなされる。

まったくその通りです。しかし，実はここがとても重要な点なのです。

こころがたまらなくつらくなっているときには，自分が直面している状況に対して，自分がどうすべきかを幅広い視点から考え直すこころの働きが低下します。そうした状況に置かれたときには，「他の人は，そのようには考えていないかもしれない」とか，「別の角度からみれば，こういうことも考えられる」といったところまで考えが及ばなくなってしまうのです。

こうしたつらい状況からとりあえず抜け出し，冷静さを取り戻すために，「気分」とそのとき浮かんだ「考え」を書き出すという方法が威力を発揮します。手続きはいたって簡単です。これを意識的におこなうことで，余裕のあるときのこころの機能が活性化されて，より幅広い視点からものごとを判断する"いつものこころの力"を取り戻すことができるようになります。

つらくなっているときには，こころに余裕がなくなっています。そのときに，身近な人がこの手法を活用して，つらい気持ちで満たされたこころを整理するのを手助けできるような人間関係ができていれば，なおさらよいでしょう。「こころのスキルアップ教育」を通じて，認知行動療法を教師とクラスのみんなが一緒に学ぶことのメリットがここにあります。

マイナスの気分ではなく，幸せな"プラスの気分"が高まり過ぎているときも極度に感情的になっているという点では同じですから，周りがみえなくなるという現象が起こり得ます。こうしたときも「周囲の人たちは，自分と同じように感じているとは限らない」と気配りができるようなこころの余裕が必要になります。

3 コラム法によるこころの整理

▶ コラム法とは

　こころがつらくなったときに,「気分」とそのとき浮かんだ「考え」をつかまえることのメリットについてご理解いただけたでしょうか。

　ここまでの作業ですでに高まった気分がクールダウンしていくような場合も,少なからずあります。自分が何を考えていたのかを知るだけで,その「考え」を自分の気分やからだから切り離して検討することができます。こころがいつもの機能を取り戻すことができるのです。こうして,「ちょっと考え過ぎだった」「大げさだった」「先走り過ぎていた」と考え直すことができれば,こころはいつの間にか自然に落ち着きを取り戻します。

　そうなれば,自分がつらくなる原因となっている困った問題に目が向いて,どうしたら解決できるかを考える"問題解決モード"に切りかわり,前に進むことができるようになります。

　しかし,自分の「考え」をつかまえただけでは上記のようなこころの本来の機能を取り戻すことができず,その後のプロセスに進めないこともあります。

　そのような場合には,現実に目を向けて考えのバランスをとる,「認知再構成法」と呼ばれる方法が役に立ちます。その1つに「コラム法」という技法があります。コラム法は,1枚の紙にいくつかの記入欄(コラム)を設定し,そこに必要事項を書き込んでいくことでこころを整理するという方法です。コラム法を用いることによって,別の視点に気づいたり,これまでに体験してきたことやそのときに考えたことなどを思い出したりしやすくなるので,自分のこころを客観的にみることができるようになります。

　コラム法は特別なものではなく原理が単純であるので,いろいろな方がそれぞれに使い方のコツを紹介しています。本書の編者である大野裕(国立精神・神経医療研究センター　認知行動療法センター長)は,"7つのコラム"を使うことによって,まず,今,目の前にある「現実」に目を向けるところから,こころを整理するための検討を始めるプロセスを推奨していますので,本書ではその考えに沿って説明していきます。

　"7つのコラム"とは,①状況,②気分,③そのとき思った／考えたこと(自動思考),④そう考えた根拠(事実,経験),⑤そう考えなくてもよい事実や経験(反証),⑥現実的な思考(④+⑤),⑦気分の変化,から構成されています。

▶ コラム法の具体的な手順

　ではここから,それぞれのコラムへの記入法について具体的な手順を説明していきます。**表1-3**(p.9)には,コラムおよびその使い方の例として,事例1(p.3)におけるAさんの立場で記入したコラム表を示してあります。

①状況

　こころがつらくなるきっかけとしてどのようなことが起こったのか，具体的な「できごと」を記入します。つらいと感じた一連のできごとの中から，特にマイナスの気分が高まったその"瞬間"を切り取るようにして書くことがコツです。

　Aさんの体験で考えると，「何度か電話をかけたが通じず，1日ほど経過したある瞬間」に，マイナスの気分がぐっと強まりました。それで，コラムには「友人Ｉさんのケータイに何度か電話したがつながらず，1日待っても連絡がなかった」と記入しました。

②気分

　①に記入した状況で自分が感じた，「マイナスの気分」を書き出します。体験した気分をすべて挙げたら，それぞれの気分の"強さ"がどの程度だったか，点数をつけてみましょう。主観的で，直観的な点数で構いません。これまでの人生において，その気分を一番強く体験したときのものを100点とすると，今回は何点くらいになりますか。

③思った／考えたこと（自動思考）

　②で記入した気分とともにこころの中に浮かんできた，「考え」や「イメージ」を書き出します。そしてその中から，マイナスの気分ともっとも強く関係しているものに，赤でアンダーラインを引きます。アンダーラインを引くのは，なるべく1か所に厳選しましょう。なぜなら，この後はアンダーラインを引いた考えについての根拠（4つ目のコラム）と反証（5つ目のコラム）を考えていくからです。ここで考えを2つ選んだ場合は，それぞれについて根拠と反証を考えていくことになります。

④根拠

　③でアンダーラインを引いた考えについて，「なぜ，自分がそういう考えをもったのか」その理由をこのコラムに記入します。

　ここでの注意点として，あくまでも根拠となる"事実""経験談"だけを挙げるようにして，「相手のこころの中を読む」「将来の先読みをする」などといった勝手な思い込みは書かないようにします。

⑤反証

　③でアンダーラインを引いた考えに関して，それと"矛盾する事実"を書き出します。コラム法では，この「反証」を見つけ出すことが大事なポイントになります。

　反証を見つけるコツは，目の前の現実，あるいは最近の自分の経験や周囲の人たちの様子などを見直してみて，①と同じできごとが起こったとしても，今回感じた②のようなマイナスの気分をそれほど感じない，すなわち③でアンダーラインを引いたように考えることができない"事実"や"経験"を見つけ出すことです（p.10，表1-4）。

表1-3 Aさんが作成したコラム表

①状況	●どのようなことがありましたか（具体的に）。
	6月17日 友人Iさんのケータイに何度か電話したが通じず，1日待っても連絡がなかった。
②気分	●どのような気分を強く感じましたか。
	イライラ　60点　　さびしい　90点
③思った／考えたこと（自動思考）	●そのとき，どのようなことを思いましたか。
	返事くらいくれてもいいのに，ひどい人だ。 他にもっと楽しいことがあって，私のことはどうでもよくなったに違いない。
④根拠	●なぜ，そう考えるのですか。そう考える"事実"や"経験談"を書きましょう。
	【確かに】 今まで，Iさんはすぐ連絡をくれる人だった。 この3か月間，Iさんの様々な都合で会食が途絶えている。 Iさんは，半年前からテニスを始め，楽しいと言っていた。 【しかし】
⑤反証	●その考えに合わない"事実"や"経験談"はありませんか。
	Iさんは，1年前にも3か月ほど電話で話すだけで実際に会うことがないということがあった。しかし，4か月目に会ったときに，実は趣味の刺繍の展覧会のための作品づくりに忙しかったこと，初めての出展だったので自信がなく，誰にも言わずに内緒でつくっていたこと，それが済んだらご主人とハワイへ遊びに行ってきたことを報告してくれた。お土産に素敵なムームーを下さり，さらに「よかったらみにきて下さい」と言って，刺繍の展覧会のチケットを下さった。 私も，息子が受験で大変だったときは，Iさんや他の人から電話がかかってきても対応できなかった。しかし，そのとき自分はIさんのことがどうでもよくなったわけではなかった。 【という事実もある】
⑥現実的な思考／適応的思考	●確かに④だ，しかし⑤という事実もある　と文章をつなげて下さい。
	確かに，この3か月間，Iさんの様々な都合で会食が途絶えているが，1年前にも，3か月ほど電話で話すだけで実際に会わないことがあり，後から趣味と家族旅行で忙しいのが理由だとわかったという事実もある。 確かに，Iさんはすぐ連絡をくれる人だが，私も息子が受験で大変だったときは，Iさんから電話がかかってきてもすぐ対応できなかった。しかし，そのとき自分はIさんのことがどうでもよくなったわけではなかった，という事実もある。
	●④と⑤を，機械的につなげた文章を読み返してみて，こころに浮かんだ「考え」を書いてみましょう。
	Iさんは，私と毎月会食をしていても他に楽しいことをもっている人だ。今は，テニスが楽しくてそちらで忙しいならそれに越したことはない。大変なことが起きて，電話する余裕がないということもあり得る。いずれにしても，Iさんには Iさんの生活がある。私のことがどうでもよくなった，というのは考え過ぎだ。また少し経ったら私の方から電話してみよう。
⑦気分の変化	●②で記入した気分は，どのように変化していますか。
	イライラ　30点　さびしい　60点

第1章　認知行動療法を用いたこころの整理法　9

しかし，目の前の現実や最近の自分の経験，周囲の人たちの様子などをどう見直してみても，アンダーラインを引いたように考えることができない事実がどこにも見つからないこともあります。そのような場合は，さらに以前の自分や過去に起こった事実にも目を向けてみます。

　それでも見つからない場合は，将来にも目を向けてみましょう。将来どのようになっていたら，アンダーラインを引いたように考えないで済むでしょうか。これからどのようにすれば，そのようによくない状況にならないで済むでしょうか。このように自分に問いかけながら，反証を探していきます。

⑥現実的な思考／適応的思考

　④根拠と⑤反証で書き出したものを，「確かに④だ，しかし⑤という事実もある」「確かに④だ，しかし⑤ということがあった」「確かに④だ，しかし⑤ということも今後あり得る」というように，まずは，機械的につなげた文章をつくって書き出してみます。書き出したら，一度音読するなどして読み返してみましょう。そして，読み返しながらこころに浮かんだ新しい考えを書き出してみるとさらによいでしょう。

　ここまでのステップを積み重ねることで，無理なく，自分の生活に即した現実的でバランスのとれた，柔軟な考えに着地することができます。

⑦気分の変化

　ここまで記入したところで，最初に感じていたマイナスの気分はどのように変化しているでしょうか。"今"の自分の気分を点検してみましょう。

表1-4　反証を見つけるコツ

- ③でアンダーラインを引いた「考え」を否定するような根拠となる事実を，"現在"の状況の中に探してみましょう。
- ③でアンダーラインを引いた「考え」を否定するような根拠となる事実を，"過去"の経験や見聞の中に探してみましょう。
- "将来"，③でアンダーラインを引いたような「考え」にはならないだろうという方向性をもつ事実を探してみましょう。
- あなたの友達が，③でアンダーラインを引いたような「考え」を抱いていた場合，あなたはどのようなことを言ってあげるでしょうか。
- ③でアンダーラインを引いたような「考え」を親友に打ち明けたら，親友はどのようなことを言うでしょうか。
- 自分の力だけではどうしようもない事柄についてまでも，自分で何とかしようとか，何とかしなければならないと考えてはいないでしょうか。

つらくなるときには，現実に何らかの問題が起こっているわけです。そうした場合に，コラム法を使うことによってこころの中からマイナスの気分を減らすことができると，冷静さを取り戻すことができます。
　すると，自分をつらくさせる原因となっている問題に対して前向きに対処していく意欲も戻ってきて，よい循環の中で前に進むことができるようになります。
　マイナスの気分が高まっているときは，その気分に沿った考えがこころの中を埋め尽くしてしまって，別の見方についてまで考えが及ばなくなってしまいます。そこで，「気分」とそれに連動して浮かんでいる「考え」をつかまえてノートなどに書き出してみることで別の見方を検討するのが，コラム法なのです。
　コラム法を使えば，段階的にものの考え方の視野を広げることができるようになります。

▶ こころのクセ

　ここで，もう一点触れておきたいことがあります。それは，マイナスの気分が高まっているときに，それに連動して浮かんでくる考えの特徴です。それらには，「決めつけ」「白黒思考」「先読み」と呼ばれるような様々なものがあります（表1-5）。
　こころのクセ自体は悪いものではありませんが，その傾向が強くなり過ぎると柔軟性が失われ，結果的に，そう考えている本人を縛りつけ，状況に対処する意欲や前向きな姿勢を失わせます。
　事例1におけるAさんは，どうだったでしょうか。
　「私のことは，どうでもよくなったに違いない」と"思い込んでいる"ようですね（p.9，表1-3参照）。
　これらのクセがあらわれている考えが，自分のマイナスの気分と関係していることはよくあることです。みなさんも，こころがつらくなったときには，一度立ち止まってこれらのこころのクセが強くなり過ぎていないかどうか確認してみるとよいでしょう。
　こころのクセに気づくことは，つらい気持ちとともにかたくなになってしまったこころが開放される第一歩なのです。

表1-5　つらくなっているときに目立つこころのクセ

思い込み	～に違いない
白黒思考	白であればOK，白でなければおしまいだ
べき思考	～すべきである
自己批判	すべて私が悪い
深読み	相手は～と思っているに違いない
先読み	今後，～になるに違いない

▶ コラム法を活用するためのサポート

　こころがつらくなったときに，インターネットを通じてコラム法によるこころの整理をサポートしてくれる，「うつ不安ネット」というウェブサイトがあります（大野裕 発案／監修，http://www.cbtjp.net/）。パソコンやスマートフォンから簡単にアクセスすることができますので，ぜひ一度覗いてみて下さい。

　身近な人たち同士でこれらの方法を共有し，つらい立場にある人を周りの人がサポートしながら，一緒になってコラム法を実施してみることも役に立ちます。ただしその場合，サポートする立場の人は，必ず，つらい気持ちを抱えている人のその日のペースに合わせて進めていくようにして下さい。

　手助けしている人は，簡単にすべてのコラムの記入を完成させてしまえるかもしれません。しかし，それではつらい人のこころは楽になりません。つらい気持ちを抱えた人がその状況から抜け出すためには，その人のペースで，自分で納得しながら「反証」を見つけ出すことが重要なのです。

　身近で悩んでいる人の力になろうと思った場合には，悩んでいる本人が自分で「反証」を見つけ出すという作業を，隣で寄り添いながら本人の負担にならない程度に応援したり，ヒントを与えたりというような形でサポートして下さい。

4　「行動」と「気分」，「考え」との関係

▶「行動」も「気分」や「考え」とつながっている

　次に，認知行動療法の「行動」の部分についても触れたいと思います。

　事例1（p.3）にあるように，「1日待っても，相手から連絡がない」ので，「今日は他にもっと楽しいことがあって，私のことはどうでもよくなってしまったに違いない」と考えて「さびしい」気分になったとき，もしあなたがAさんだったら，その後どのような行動をとるでしょうか。

　例えば，「Iさんのことを気にしながらいつもの生活をしようとするけれども，やっぱりIさんのことが気になって，仕事がはかどらない」という場合が考えられます。このように，私たちの「行動」は，そのとき浮かんだ「考え」やそれにともなう「気分」の影響を受けています。

　けれども，同じように「Iさんから連絡がない」ときに，「Iさんには別の楽しい世界ができてしまったのだろうか」と考えて，さびしく感じたとしても，「とりあえず，Iさんのことは考えないようにして1日の予定を立て直し，それにしたがって行動する」こともできます。

　そのようにして1日を過ごすことにすると，こころに浮かんでいる考えや気分は変化します。最初に浮かんだ考えは，「今日は他にもっと楽しいことがあって，私のことはどうでもよくなってしまったに違いない」というものでしたが，あらためて予定を立て直し，1日を終えた頃には「何か，電話に出られない事情があるのだろう」，あるいは「とにかく，今はいったんあきらめて，数日後にもう一度かけ直してみよう」というものへと変化しているかもしれません。

それによって，最初の「さびしい」から，「ちょっぴりさびしい」というように気分も変わってきます。
　このように，「とりあえず，Ｉさんのことは考えないようにして1日の予定を立て直し，それにしたがって行動する」という生活を手に入れることによって新たな「考え」が生まれ，それにともなって「気分」や「行動」にも変化が生じます。
　「行動」に関しても，たまらなくつらくなっている状況では，「考え」の場合と同じことが言えます。感情に圧倒されてしまうようなできごとが起こると，冷静かつ柔軟に考え直すこころの働きが低下してしまうため行動に関しても，いつもとは違った行動をとってしまうことがあります。
　「引きこもってしまう」「やけ酒を飲んでしまう」「電話を何度もかけ続ける」「暴力的になる」といった，つらくなる状況を回避したり，過度に発散したり，補償を求めたりするような，問題が大きくなる可能性をはらんでいる行動をとってしまいがちになるのです。
　しかし，それではつらくなるばかりです。そうしたときには，もう一度現実に目を向けて，問題の解決につながる行動をしていくことが役に立ちます。

▶「気分」に対する「考え」の影響，「行動」の影響

　ではここで，先ほどの例についてもう一度考えてみましょう。「1日待っても，相手から連絡がない」という状況に直面したＡさんは，1日の計画を立て直して，それにしたがって行動し始めたから気分が楽になって，「明日，あらためて電話してみよう」と思ったのでしょうか。
　それとも，「電話ができない事情があるのだろう，明日，あらためて電話してみよう」と考え直して，こころが落ち着いたから，1日の計画を立て直すことができたのでしょうか。
　どちらの可能性もあり得ます。
　私たちは，からだを動かし活動しているうちに"やる気（意欲）"が出てきたり，こころが落ち着いたりしてくることがあります。「行動」から入って，こころを整えるルートです。
　何かに悩んで気分が沈みがちなときには，自分のこころとからだにとってご褒美になるようなことを体験することで，"やる気（意欲）"がわいてくるということがわかってきています[7]。
　からだを動かしたり，問題になっていることとは無関係なことをしたり，音楽やアロマ，自然の風景などで聴覚や嗅覚，視覚，触覚を刺激してみたり，自分が楽しめることや充実感が味わえることをしてみたり，といった行動をすることで意欲がわいてくることがあります。
　こうした工夫は，私たちが日常の生活の中ですでにおこなっているものばかりで特別なことではありません。ふだんから自分が得意な活動や好きな活動を意識して，気分転換のレパートリーをいくつか用意しておくとよいでしょう。
　一方，コラム法などを活用してこころに向き合って，考えを見直すルートもあります。考えを整理することで，問題を大きくするような行動がエスカレートするのを食い止め，そして，つらい気持ちのもとになっている問題の解決に向けて進み始めるというプロセスです。その場合は，先ほど紹介したコラム法を大いに活用していただくとよいでしょう。
　どちらのプロセスを選択するかは，状況によって違ってきます。1つのつらいできごとを乗り

越えるために"どちらかのプロセスを選択する"という発想ではなく，"両方のプロセスを上手に使って，こころを整える"という姿勢をこころがけるとよいでしょう。

こころに十分な余裕があるときには，誰もが，いつの間にか，この2つのプロセスを同時に駆使しながら現実への適応を実現させています。

ここまで，「こころのスキルアップ教育プログラム」の理論的支柱である認知行動療法のベースとなる原理と，それを用いてこころと向き合い，こころを整える方法について説明してきました。こうした考え方を授業で展開できるように作成したのが，プログラムの単元1「こころを整理するスキル」（p.61）です。

特に，指導案1「できごと・考え・気分をつかまえる」（p.62）は，こころのスキルアップ教育のもっとも重要な考え方を学ぶ授業です。ですから，こころのスキルアップ教育を取り入れる際には，まずはこの授業から始めるようにして下さい。

<参考文献>

1) アーロン・T・ベックら著，坂野雄二ら翻訳『うつ病の認知療法』岩崎学術出版，2007年
2) 「日本うつ病学会治療ガイドライン，Ⅱ大うつ病性障害 2012 Ver.1 」2012年，p20-25
3) ウイリアム クイケンら著，荒井まゆみ，佐藤美奈子訳，大野裕監訳『認知行動療法におけるレジリエンスと症例の概念化』星和書店，2012年
  Padesky CA, Mooney KA, Strengths-Based cognitive-Behavioral Therapy : A Four-Step Model to Build Resilience Cli. Psychol. Psychother. 19, 283-290, 2012
4) 「平成23年度 国家公務員長期病休者実態調査結果の概要」人事院報道資料，2013年
  「平成23年度 公立学校教職員の人事行政状況調査」文部科学省，2011年
  「企業における長期休業者に関する実態調査」株式会社アドバンテッジリスクマネジメントプレスリリース（2012年9月14日）http://pdf.irpocket.com/C8769/JA1b/iSqb/oPwx.pdf
5) Kojima R, Fujisawa D, Tajima M, Shibaoka M, Kakinuma M, Shima S, Tanaka K, Ono Y.: Efficacy of cognitive behavioral therapy training using brief e-mail sessions in the workplace : a controlled clinical trial. Ind Health. 2010;48（4）: 495-502
  Makiko Mori, Risa Etou, Norio Sasaki, Hironori Somemura, Yukio Itou, June Okanoya, Megumi Yamamoto, Saki Nakamura, Miyuki Tajima, Katsutoshi Tanaka : A Web-Based Training Program Using Cognitive

Behavioral Therapy to Alleviate Psychological Distress Among Employees: Randomized Controlled Trial, Journal of Medical Internet Research (submitted)

Risa Kimura, Makiko Mori, Miyuki Tajima, Hironori Somemura, Norio Sasaki, Megumi Yamamoto, Saki Nakamura, Katsutoshi Tanaka: Effect of internet-based cognitive behavioral therapy training on work performance, Journal of Occupational Health (submitted)

6) Gillham JE, Reivich KJ, Seligman ME et al. Evaluation of a Group Cognitive-Behavioral Depression Prevention Program for Young Adolescents: A Randomized Effectiveness Trial. Journal of Clinical Child & Adolescent Psychology. Vol. 41 (5), 621-639, 2012

Tak YR, Van Zundert RM, Kuijpers RC et al. A randomized controlled trial testing the effectiveness of a universal school-based depression prevention program 'Op Volle Kracht' in the Netherlands. BMC Public Health. 10; 12:21. 2012

7) 上大岡トメ, 池谷雄二『のうだま やる気の秘密』幻冬舎, 2008年

第2章 問題を見極め解決していくプロセス

1 問題解決技法とは

　前章の終盤（p.13）で，「つらい気持ちのもとになっている問題の解決に向けて進み始める」と書きました。そのときには，認知行動療法の「問題解決技法」が役に立ちます。

　「気分」を手がかりにしてこころに向き合い，「考え」を見直していつも通りの生活に戻ったが，冷静になって考え直してみても，つらい気持ちが続くことがあります。それは，解決しなくてはならない問題に手がついていないからです。

　では，どのようにすればその問題を解決できるでしょうか。

　「そんなに簡単に解決できないよ」と考えるかもしれません。確かに，簡単に解決できない問題もあります。

　しかし，だからと言って解決の糸口がまったくないということはありません。正しい手順にしたがって進んでいけば，たいていのものは解決への道が開けてきます。

　認知行動療法では，表2-1に示した7つのステップで問題の解決を進めていきます。

①問題を具体的な状況に落とし込んで明確化し，リストをつくる

　ある問題が起こり，それについて悩んでいるときには，たいていの場合その問題を「何とかし

表2-1　問題解決の7つのステップ

①問題を具体的な状況に落とし込んで明確化し，リストをつくる

②リストの中の1つを解決する課題として選ぶ

③解決策をなるべく多く書き出す（ブレインストーミング）

④実行する解決策を決定する

⑤実行するための計画を立てる

⑥解決策を実行してみる

⑦結果を評価する

たい」と思っている当事者は混乱しています。ですから，まずはこれを整理するところから始めます。

基本的な原理は，第1章で説明したこころを整理する場合と同じです。つらい気持ちを抱えている人は，どこまでが自分の考え過ぎや思い込みなどの"こだわり"からきていて，どこからが解決すべき具体的な"問題"なのか，こころの中が整理されていません（図2-1）。

問題を抱え，「何とかしたい」と考えている本人のこころの中にある"問題"には，ほとんど必ず，客観的にみた場合の問題以外に，その問題に対する本人のこだわりが混ざり込んでいます。客観性を失って，思い込み過ぎていたり，肝心なことを見落としていたりしています。

したがって，問題解決は，このような主観的な部分をいったん取り除き「もともとの問題は何か」を見極めることから始める必要があります。認知行動療法ではまず，実際に生じている"具体的な"問題をリストにしていきます。

問題を具体的に挙げていくようにすると，主観的な思い込みが自然にそぎ落とされ，問題そのものが明確になってきます。そのようにしてでき上がった問題リストは，問題が"具体的"かつ"明確"になっているので，対処法（解決法）を考えやすくなります。

書き出した問題が解決できそうにないと思えるときには，さらに細かく具体的な場面を書き出していくようにします。そうすると，解決に向けて取り組むことができる部分が見つかるようになります。

ちなみに，問題に対する自分の「考え」について見つめ直したい場合は，第1章で紹介したコラム法を使って，考えを整理してみて下さい。

②リストの中の1つを解決する課題として選ぶ
　①で作成した問題リストの中から，今回解決する課題を1つ選びます。
　課題を選ぶ際の判断の基準には，次の2つがあります。

図2-1　悩みの中身の整理

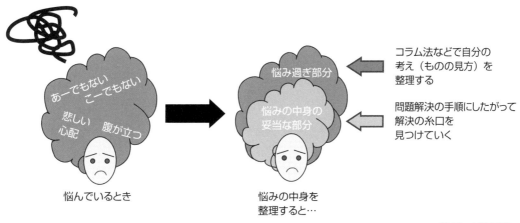

（作図：中野有美）

「解決に向けて，着手しやすいかどうか」と，「その課題を解決することが，現状を改善するのにどれくらい役に立つか」という点です。

③解決策をなるべく多く書き出す（ブレインストーミング）

解決する具体的な課題を決めたら，次にそれを解決するための方法を考えます。なるべく多くの方法を考え，考えついたものをすべて書き出していきます。

このプロセスは，「ブレインストーミング」と呼ばれています。ブレインストーミングでは，なるべく多くのアイディア（数の法則）を，まずはそれが実現できるかどうかを考えずに（判断遅延の法則）出してみるようにします。

「実現できそうもない」という判断が思い込みに過ぎないこともありますし，突飛なアイディアの中に思わぬ解決の糸口が潜んでいることもあります。

このようにして解決策を具体的に書き並べていくうちに，「解決なんてできない」とあきらめかけていた「考え」そのものに変化が起き，何とかなりそうな気がしてきて気分が明るくなることがあります。

④実行する解決策を決定する

ブレインストーミングによって解決策のアイディアが出揃ったところで，それぞれのアイディアの長所と短所を検討します。

良い点と悪い点を具体的に箇条書きにしていくのですが，それと同時にそれぞれのアイディアについて，「どれくらい実行しやすいか」という観点（実行可能性）と，「実行した際に，問題をどの程度解決できるか」という観点（解決可能性）から評価し，1点（可能性が低い）から10点（可能性が高い）で点数をつけてみると，さらに整理が進みます。

書き出したものすべてを眺めてみて，それぞれの点数が高い順に並べ替えたりしながら，その中から実行する解決策を1つ選びます。

⑤実行するための計画を立てる

解決策を決めたら，それを実行するための計画を立てます。

「いつ実行するのか」「どのようにするのか」「どこでするのか」「自分1人でおこなうのか，誰かの協力を得るのか」「どのような手順でおこなうのか」といった様々な観点から，詳細な計画を立てていきます。

ここで解決した気になってはいけません。大切なのは，ここまでのプロセスで考えた解決策を実際におこなうことです。「ここまで計画しておけば，いつでもできる」と考えて何も実行しなければ，解決は進みません。どんなにすばらしい解決策も，実行しなければ意味がないのです。

⑥解決策を実行してみる

解決策がうまくいくかどうかは，実行する当事者本人の体調と意欲，冷静さに左右されます。

自分自身のこころとからだの状態と相談しながら，確実に実行できるように，焦らず，具体的かつ着実な計画を立てて進めていきましょう。

ただし，気分が乗らないときは無理をせず，気分転換をしたり休養をとったりするようにします。また，解決策を実行している途中で何か気になったり，こころがつらくなったりして解決策の実行がはばまれるようなときには，一度立ち止まってコラム法などを使いながら自分の考えを整理しましょう。

この手順で解決しようとしている課題は，もともとの問題を細分化して，具体化したもののうちの1つに過ぎません。こうした手順を何度も積み重ねることで，ほとんどの問題に対して解決に向かって進んでいくことができます。

しかし，すぐに，一度に問題全体を解決することはできません。問題解決の過程で，「やっぱりダメだ」と思うのは，「早く，一度に全部を解決しなくてはいけない」というような焦りの気持ちがわいてきたときが多いようです。

⑦結果を評価する

解決策を実行してみて，②で決定した課題の"どこの部分が""どの程度"解決できたのか，もともとの問題の"どの部分が""どのように"解決されたのか，丁寧に，具体的に確認しましょう。

②で決定した課題のある部分が解決されていれば，さらにその課題を別の角度から解決するための次の解決策を④で作成したリストの中から選択し，実行に向けて計画を立てます。

あるいは，②で決定した課題がすべて解決された場合は，もともとの問題の解決をさらに進めるために，①で作成した問題リストから次の課題を設定します。

一方，解決策を実行してみても期待していた課題の解決に近づいていないと判断した場合には，実行計画を見直すなどして再度チャレンジする態勢を整えたり，④のリストから実行する解決策を選び直したりします。

ここまで，問題を解決するための一通りの手順を紹介してきましたが，私たちを悩ませる問題を解決するのは，容易ではありません。

簡単に解決しないことであるからこそ，"問題"なのですから。

しかし，こうしたプロセスを通じて問題を具体的に細分化することによって，ほとんどの問題に対して，解決に向かって取り組むことができるようになります。

2　問題解決技法の活用

ここまでの説明で，問題解決の7つのステップについて理解していただけたでしょうか。それではここから，事例をもとに問題解決技法について具体的にみていくことにします。

ここでは，学校で起こる可能性がある問題を取り上げます。登校することが難しくなってしまったY子さんが，問題解決の7つのステップを活用しながら，周りの人の協力を得てどのように対

処していったかを紹介していきます。実際に問題解決のステップを踏む際，ほとんどの場合は途中で何度か自分のこころと向き合い，考え直し，必要ならばコラム法も使うといったようなこころの整理が必要になります。

そこで**事例2**として，そうした場面についての感触や対処の仕方も把握できるように工夫をしながら，具体的なストーリーをつくりました。さらに，特に未成年の場合は，問題解決に当たって周囲の人々の協力が必要となったり，みんなで力を合わせておこなうことが重要だったりすることが多いので，その点も理解できるようなストーリーにしてあります。

事例2

2学期も半ばにさしかかりました。中学1年生のY子さんは，2学期になってから遅刻や欠席が目立つようになり，10月に入ってとうとう1日も登校しない週ができてしまいした。夏休みの宿題では，「家族と旅行へ出かけて，楽しかった」という日記が提出されていましたが，2学期の始業式の日には遅刻して登校してきました。

成績はクラスでちょうど真ん中あたりでしたが，1学期の期末試験の成績が中間試験よりも大幅に下がっていました。Y子さんは，授業中ほとんど手を挙げることはなく，先生が簡単な質問で当てても自信をもって答えられず，他の生徒の声や勢いにかき消されてしまうということがしばしばありました。

2学期に入ってからは，休み時間も自分の席で座ったまま，じっとしていることが多くなっていました。

遅刻や欠席が目立つようになってきた9月中頃から，Y子さんの母親も心配して担任と連絡をとり，家庭と学校でのY子さんの様子について情報交換をし始めていました。

母親によれば，Y子さんは元来おとなしく，生真面目な性格だそうです。しかし，小学校の頃には感想文コンテストでよい成績をとったこともあり，6年生のときには近所の下級生をまとめて引率するリーダーを率先して引き受けて勤め上げるなど，現在の担任が抱くような極度に消極的という印象はなかったはずだということです。また，夏休みはそれなりに楽しんでいたようですが，学習塾の夏期講習に結局1日も行かなかったので，母親はただの怠けだと考え，理由も聞かずに強く叱ってしまったと話しました。

担任は，母親とスクールカウンセラーの協力を得ながら，Y子さんと会って直接話をする機会を設け，「学校生活の中でつらくなる場所や状況を整理して，それを一緒に少しずつ解決していきたいと考えている」と伝えました。

それに対しY子さんは，「クラスになじめずつらくて仕方なくなって，とうとう学校に行けなくなってしまった」と語りました。

Y子さんが乗り越えたい問題について，問題解決技法の手順にしたがって，解決に向けて計画を立ててみましょう。

①問題を具体的な状況に落とし込んで明確化し，リストをつくる

　Y子さんは，「クラスになじめないためにつらくなっている」と言っています。ここから，クラスにいるのがつらいということはわかりましたが，これではまだ何が問題であるのか，曖昧です。

　そこで，「どんな状況でつらいのか」「どんなことで行きづまっているのか」とさらに掘り下げていって，毎日の生活の中で具体的に生じている困りごとを，「問題リスト」として書き出していきます。

　Y子さんの場合の問題リストは，

・授業についていけない。
・先生たちになじめない。
・休み時間を一緒に過ごす友達がいない。
・学習塾を休みがちである。
・自宅でも自分の部屋に閉じこもりがちである。

となります。

　Y子さんは，問題となっている困りごとに耳を傾け，整理するのを手伝ってくれた担任に対し，信頼を寄せるようになりました。Y子さんの母親によれば，クラスで友達が1人もできなくて困ったということは，小学生の頃には一度もなかったはずだということでした。

　担任からの依頼を受けたスクールカウンセラーは，あらためてY子さんと個人面談をおこない，「友達と何か揉めごとでもあったの？」と尋ねました。すると彼女は，小学6年生のときに起きたあるできごとについて話し始めました。

　卒業間近の2月初旬におこなわれたクラス対抗大縄跳び大会に向けて，練習をしていたときのことです。同じクラスだったM代さんがしばしば縄を引っかけてしまい，記録がのびないことに対して，Y子さんは「もっと真剣に参加しよう」と声をかけました。しかし，そのことがM代さんのプライドを傷つけることになり，その後，彼女とその仲間から無視されるようになったということでした。

　そして現在，Y子さんと同じクラスに，M代さんとその仲間のうちの2人がいるのです。中学校に入学したばかりの頃，Y子さんが「友達になろう」と声をかけたクラスメートに対し，そのすぐ後でM代さんたち3人組が近づいていって自分たちの仲間にしてしまい，彼女から遠ざけるということが2回ほど繰り返されたそうです。

　そのことがきっかけで，Y子さんは自分の判断にすっかり

自信を失い，M代さんが自分に向けている怒りを感じて怖くなり，「このクラスで友達をつくるのは，もう無理だ」と考えるようになったと言います。

ところが，中学校生活も半年経った現在，担任の目からみると，M代さんたち3人組はそれぞれが新しくできたグループに属していて，入学当初のような力関係はすでに存在していないようでした。

②リストの中の1つを解決する課題として選ぶ

このように，Y子さん本人の話をよく聴き，周辺情報や現状を大いに参考にしながら，先ほど書き出した具体的な問題リストの中から，解決を試みるものを1つだけ選び出します。ここでは，それが解決できれば「クラスになじめない」というもともとの問題がより小さくなるものを選ぶようにします。

担任を含めた関係者は，解決する課題として「クラスの中で，休み時間を一緒に過ごせる友達をつくること」を選びました。

Y子さんが，「M代さんたちから嫌われているので，今のクラスではもう友達はできない」と思い込んでいる点については，コラム法を活用しながらよく話し合いました（表2-2，Y子さんが10月に入ってまったく学校に行かなくなったきっかけとも言える，非常につらいできごとを思い出して作成したもの）。それによって，今のクラスは入学時の様子とは違ってきていることをY子さんに気づいてもらい，一緒に問題解決に向けて前進する態勢を整えました。

解決する課題を選ぶ際に，解決を試みる本人自身が「解決なんてできない」と思い込んでいることも少なくありません。こうした思い込みに対しては，本人を説得したり現状を説明したりするよりも，本人がそう思う気持ちに共感しながら，コラム法を活用するなどして思い込んでいることが本当に現実的な判断か，本人と一緒に丁寧に確かめていきます。

そうすることで，本人が"主体的"に課題設定に関わることができるようになります。この点が非常に重要なのです。

③解決策をなるべく多く書き出す（ブレインストーミング）

クラスになじめずに，つらくて学校を休みがちになったY子さんに対し，担任は「まずは午前中だけ，慣れたら給食の時間まで，それもできるようになったら1日最後まで」というように，学校で過ごす時間を徐々に長くしていくことを提案しました。

すると，彼女もそれならできそうだと思い，提案を受け入れました。そして，友達づくりのために具体的にどのような解決策があるか担任と一緒に考え，書き出していきました。

・誰でもいいから声をかけてみる。
・隣の席の子に，「消しゴムを貸してほしい」と頼んでみる。
・かわいいアニメグッズをもっている子に，どこで買ったか尋ねてみる。
・勉強が得意そうな子に，わからない部分を「教えてほしい」と頼んでみる。

表2-2　Y子さんが担任たちと一緒に作成したコラム表

①状況	●どのようなことがありましたか（具体的に）。
	9月28日のこと 毎日，教室にいても，誰も話しかけてくれない。今日もそうだった。今，帰りの会をしている。
②気分	●どのような気分を強く感じましたか。
	不安　70点　　絶望感　90点
③思った／考えたこと（自動思考）	●そのとき，どのようなことを思いましたか。
	今のクラスにいても，M代さんがいる限り決して友達はできない。 友達ができないどころか，いじめられるかもしれない。 クラスにいたくない。
④根拠	●なぜ，そう考えるのですか。そう考える"事実"や"経験談"を書きましょう。
	【確かに…】 自分はM代さんやその仲間たちと今同じクラスだが，小学校の頃から仲が悪いから。 友達ができそうなことも2回くらいあったけれど，2回ともM代さんと仲間がその仲を裂いた。 昨日も今日も，クラスの誰とも話していない。 【しかし】
⑤反証	●その考えに合わない"事実"や"経験談"はありませんか。
	友達との仲をM代さんが裂いたのは，春のことでずいぶん前だ。 M代さんは，今はクラスにいる2人の仲間と一緒に行動していない。 2学期になってから，掃除当番のことでAさんと話したことがあったが，彼女は親切で優しかった。 今は，先生も相談に乗ってくれている。 【という事実もある】
⑥現実的な思考／適応的思考	●確かに④だ，しかし⑤という事実もある　と文章をつなげて下さい。
	中学生になったばかりの頃，誰かと仲良くなりかけるとM代さんに邪魔されて，怖くなったし，「もうこのクラスでは友達はできないだろう」と絶望的になっていた。しかし，今は先生たちと相談もできるし，2学期になってからAさんと話をしたこともあった。今は，私があきらめて怖気づいているのが，友達ができない大きな原因かもしれない。
⑦気分の変化	②で記入した気分は，どのように変化していますか。
	不安　40点　　絶望感　50点

・一緒に帰ろうと誘う。
・入れそうな女子のグループに,「入れてほしい」と頼んでみる。
・部活動（美術部）に参加する。
・3学期のクラス委員に立候補する。
・趣味が同じ子に声をかけてイベントに誘う。

次に,それぞれのアイディアについて,長所と短所を検討します（表2-3）。

④実行する解決策を決定する
⑤実行するための計画を立てる

　Y子さんはアニメが大好きで,声優の情報に詳しく,キャラクターの絵を描くのも得意でした。担任たちと一緒にここまで考えた頃には,彼女のこころの中に,休み時間に誰かと一緒にアニメの話をして,絵を描いて過ごすという光景が浮かんでいました。

　担任は,Y子さんにアニメ好きのクラスメートの名前を2人ほど伝え,次回の席替えで彼女たちをY子さんの近くの席にすることを約束しました。

表2-3　解決策の長所と短所

解決策	長所	短所	実行可能性	解決可能性
誰でもいいから声をかけてみる	あいさつ程度なら声をかけられる	会話が続かない	8	3
隣の席の子に,「消しゴムを貸してほしい」と頼んでみる	簡単にできる	返したらそれで終わりになる　頼めるのは消しゴムを忘れたときだけ	10	3
かわいいアニメグッズをもっている子に,どこで買ったか尋ねてみる	簡単にできるし,それを手に入れる場所も知ることができる	相手は聞かれるのが嫌かもしれない	8	5
勉強が得意そうな子に,わからない部分を「教えてほしい」と頼んでみる	自分の勉強が進むし,しばらく会話のやり取りができる	一方的に相手に時間をとってもらうことになる	6	6
一緒に帰ろうと誘う	しばらく一緒にいられる	会話が続かないかもしれない　断られる確率が高い	3	6
入れそうな女子のグループに「入れてほしい」と頼んでみる	もし成功すれば,居場所がすぐにできる	断られるかもしれない　グループが自分に合うとは限らない	3	8
部活動（美術部）に参加する	居場所ができる	その居場所はクラスではない　クラスの誰も美術部に入っていない	9	2
3学期のクラス委員に立候補する	小学校のときは選ばれて,はりきって役目を果たした	当選する確率は低い　3学期までまだ3か月ある　かなり勇気がいる	4	5
趣味が同じ子に声をかけてイベントに誘う	話が合いやすい	イベント参加の費用がかかる	6	6

そして，実行する解決策を「彼女たちに話しかけて，アニメグッズを手に入れた方法について尋ねる」に決定しました。続いて，「席替え後1週間以内に，近くの席に座った彼女たちに，休み時間に声をかけ，彼女たちがもっているアニメグッズがどこに行けば手に入るのか尋ねる」という計画を立てました。

⑥解決策を実行してみる
　Y子さんは，アニメグッズをもっているクラスメートがいたらどうやって手に入れたか聞くつもりで，自分も大切にしまっていた好きなキャラクターのマスコットをカバンにぶら下げて，登校を再開しました。
　担任が約束した通り，席替えがなされていました。計画にしたがって半日だけの登校から始めましたが，その2日目に，近くの席にいたアニメ好きのF乃さんが，「そのマスコット，どうやって手に入れたの？なかなか入手できないはずだよね」と，Y子さんに話しかけてきました。Y子さんも，F乃さんがもっているノートの挿絵をみて「かっこいいね」と褒めるなど，2人はしばら

第2章　問題を見極め解決していくプロセス　25

く話に熱中していたようでした。

⑦結果を評価する

　Y子さんは計画にしたがって解決策を実行し，F乃さんと自然に会話を楽しむことができました。今回立てた計画は成功し，「休み時間を一緒に過ごす友達をつくる」という課題解決に向けて前進することができました。こうして，「クラスになじめない」というもともとの問題の解決に向けて，一歩踏み出すことができたのです。

　このように計画がうまくいけば，Y子さんは，さらに別の問題の解決につながる解決策を実行できるようになります。

　この計画がうまくいったのは，担任がアニメ好きのクラスメートの名前をY子さんに伝え，近くの席に配置するというお膳立てがあったことや，F乃さんが，休みがちなクラスメートを心配し気づかって声をかけてくれる思いやりのある子だったということも関係していました。

3　問題解決技法を活用するメリット

　問題解決技法を使えば，どんな問題でもすべて解決できるというわけではありません。
　しかし，問題をすぐに解決できなくても，問題解決技法を活用するメリットは十分あります。それは，以下のようなものです。

- 「解決なんてできない」と思い込んでいる問題を整理して具体化・明確化することで，解決のためにすべきことがみえてくる。
- すべきことが明らかになることで，解決することが"不可能ではない"とわかって，気持ちが前向きなる。
- 現実的で，実現可能な解決策を計画し，実行に移すことで意欲がわく。
- 計画を実行することで，実際に解決に向けて一歩前進できる。
- 計画したことを"自分が実行した"ことにより，達成感と自信が生まれる。

　事例2（p.20）のように，不適応になった子どもに対して実際の学校現場では，担任が先回りして配慮し，席を決めたり，余裕のある子どもにサポートを頼んだりすることは，しばしば見受けられます。
　こうした対応は，不適応になってしまった子どもにとって非常に大きな助けになります。事例2においても，担任の配慮とサポートがなければ，Y子さんがこんなに短時間でクラスに戻ることはできなかったでしょう。
　それと同時に，問題を抱えている子どもが，担任やスクールカウンセラーといった人たちと一緒に解決の糸口を見つけ，"自分でやってみようとする，やってみる"というプロセスを体験することも，子ども自身のこころの成長にとって非常に大切です。

こうした経験が，これからの人生において困難な壁につき当たったときに，「自分で何とかしよう」という姿勢を培うからです。

　問題解決技法は，悩みのもとになっている問題を明確化して，解決策を練り，実行に移していくという，極めて実直な方法です。

　これもまた，こころに余裕があり，解決すべき問題の大きさも自分を圧倒するほどではない程度のものであれば，私たちがふだん自然におこなっていることです。けれども，直面している問題が自分自身を圧倒し，生活を乱すほどに大きなものである場合には，こうしたことを自然におこなうこころの機能が低下してしまいます。

　こころが混乱してしまって，直面する問題にどう向き合うべきかすっかりわからなくなってしまった場合には，この手順を思い出すことで問題解決に向かって動き出すことができます。自分1人だけではこの手順にしたがって進めていくことが難しいようであれば，こころを整理する場合と同じように，あるいはY子さんの事例と同じように，自分の身近な人にサポートしてもらうとよいでしょう。

　学校の先生方は，例えば学級運営上の問題のリストをつくって解決すべき課題を明確化してみて下さい。その上で，具体的な解決策を考え，それを計画・実行してみて，まず問題解決技法の一連の手順を学び，実際にクラスの雰囲気がよくなることを体験していただくとよいと思われます。そしてその体験をもとに，個々の子どもが抱えている問題についても，同じ手順にしたがって問題を整理して解決できるように手助けしていって下さい。

　「こころのスキルアップ教育プログラム」では，単元2「問題解決のスキル」（p.89）として，2時間分の指導案を用意しています。第1時（指導案5，p.90）では，まず自分たちのクラスの具体的な問題を用いて，問題解決のステップを踏んで解決の糸口を探す手順を学びます。

　そして第2時（指導案6，p.96）で，それを「成績がのびない」「部活のチームワークが悪い」などといった，個々の子どもの問題解決に適用してみるという構成になっています。

第3章 怒りへの向き合い方

1　怒りに関係する考えと行動

▶ 怒りに関する先入観

　ここまで，こころがつらくなったときの自分との向き合い方やこころの整理の仕方，問題解決のための手順について説明してきました。本章では，「怒り」を感じたときの自分への向き合い方について考えていきます。

　怒りは，その状況（できごと）を自分にとって「不当だ」「納得がいかない」「自身の権利を侵された」と考えたときに生じる気分（感情）です。

　怒り感情がわき起こること自体は，むしろ人間として自然のことですし，それを自覚することは自分自身のこころの状態を知る上で大切なことです。

　ところが，「そもそも，怒り感情はいけないものだ」といった先入観をもっている人も少なくありません。

　考えとそこから生じる気分が，行動に大きな影響を及ぼすことは，すでに説明した通りです。怒りに限らず，基本的に誰でも，わき起こった気分が強ければ強いほど，考えることは広い視野を失って論理性を欠き，引き続いて起こる行動もそれらに沿ったものとなります。

　悲しみを強く感じれば，涙が流れてからだが重くなり，部屋に引きこもったままになるかもしれません。強い恐怖を感じれば，ふだんでは考えられないほどの機敏さで一目散に逃げようとするかもしれませんし，逆にからだがかたまってしまい一瞬動けなくなるといったことが起こるでしょう。

　では，怒りを感じた場合はどうなるでしょうか。自分に起こったあるできごとを「不当だ」と考えて怒り感情が高まった場合，それが強ければ強いほど，周囲の人や物，あるいは自分自身に対する暴力行為や暴言といった，"破壊的"で"攻撃的"な行動を引き起こしやすくなります。

　それに，感情は周囲に伝染します。話している相手がこちらの主観的な体験に共感した場合，相手もこちらが感じているものと同じ感情を体験します。例えば，多くの人は，もらい泣きなど隣の人の感情が自分にうつるという体験をしたことがあると思います。

　わき起こった感情が強い場合，それをコントロールすることは難しくなりますから，自分ではコントロールしきれず行動や言葉尻に出てしまいます。そうすると，周囲の人はその感情に共鳴して同じような感情を体験するようになります。

　怒り感情も同じで，それが周囲の人ではなく第三者に向けられたものであれば，その人の怒り

感情に気づいた人が一緒になって怒ることもあるでしょう。

一方，怒り感情が目の前にいる人に向けられている場合は，相手は自分に向けられた怒り感情や攻撃に反応して，防衛的になったり攻撃的になったりします。このように，怒りを誰かに向ければ，相手にも怒っている人に対する恐怖や怒りがわいてくるのです（これについての詳細は，第4章を参照）。

しかし，ここで問題になるのは，怒り感情そのものではなく，怒りを向けた相手にも怒りなどの強い感情を引き出してしまうことや，怒り感情にともなって破壊的かつ攻撃的な「行動」が起きてくることです。

しかも，特に攻撃的な行動は，成長してからだが大きくなると力もついてきて，相手のダメージが大きくなるために，問題がさらに大きくなるので注意が必要です。

▶ 怒り感情が引き起こすからだの生理的な反応

では，どのようにして「怒り」が破壊的かつ攻撃的な行動に発展するのかについて，からだに起こる生理的反応とともに考えてみましょう。

どのような気分でも，脈の速さや呼吸の状態，体温など，からだに何らかの生理的な反応を引き起こします。気分が急激に変化すれば，からだの状態も急激に変化します。

怒り感情が高まると，私たちのからだは自動的に，"不当な"ことを仕掛けてきた相手を攻撃すべく戦う態勢＝"戦闘モード"に入ります。からだは意志とは無関係に，機敏に動いて，大きな力が出せるように準備を始めてしまうのです（図3-1）。

文明が発達する以前のヒトは，野生の動物と同じように，自分や仲間を守り，領土を守り，獲

図3-1　怒りにともなうからだの変化

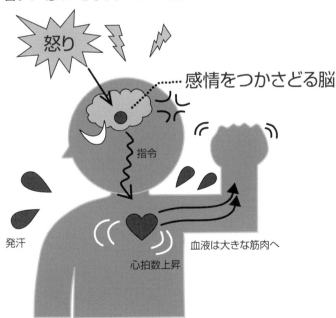

物を獲得するために，からだを張って戦っていたので，こうしたからだの反応は生きのびるために必要なものでした。

しかし，現代の社会では，日常生活の中で相手と力ずくで戦わなくてはならなくなることはまずありません。それにもかかわらず，怒りを感じればからだは自動的に"戦闘モード"に入ってしまうのです。

そして，攻撃性をストレートに行動に出せば，怒りの対象である相手や周囲の物，自分自身を傷つけ，また攻撃を仕掛けた相手の怒りとそれにともなう攻撃性を引き出し，問題はさらに大きくなっていきます。

ですから，「怒り」に上手に対処するためには，怒りによってからだにわき起こった"戦闘用のエネルギー"を，その状況に適した方法で処理できなければなりません。

2 怒りへの対処プロセス

▶ 怒りに向き合い，処理するためのコツ

ここでは，認知行動療法を用いた怒りへの上手な向き合い方について，一連のプロセス（表3-1）のポイントを示しながら解説していきます。

①自分が怒りを感じていることを自覚する

まず，自分が怒りを感じていることを自覚することが対処のスタートです。第1章で説明した「こころの整理」の手順にしたがって，自分が何（状況）に対して「不当だ」と考えたから怒り（気分）が生まれたのかを把握します。

表3-1　怒りへの対処プロセス

①自分が怒りを感じていることを自覚する

②怒りとともに浮かんだ考えについて検討する

③過剰な怒りをクールダウンさせることを目標に対処を試みる

④怒りのもとになっている考えについて再検討する

⑤怒りのもとになっている問題を解決する方法について検討する

②怒りとともに浮かんだ考えについて検討する

　①で把握した「状況」で，怒りのもとになっている自分自身の「考え」について，あらためて見直します。

　自分は相手の何に対して「不当だ」と考えたのでしょうか。相手は，自分を攻撃しようとしたのでしょうか。

　このようにして，自分の怒りに気づいてそれに向き合い，その背景を考えてみただけで怒りがしずまってくることもあります。

③過剰な怒りをクールダウンさせることを目標に対処を試みる

　こころの中にわき起こった怒り感情が強過ぎて，冷静に向き合うことができない場合もあります。そのような場合にはこころを整理するための準備として，まずは過剰な怒りをクールダウンさせます（図3-2）。

　それにはまず，怒りの対象から"距離"をとる方法があります。

　「その場から離れる」といった"物理的"に距離をとることは手っ取り早い方法です。

　それから，怒りを感じた状況とはまったく無関係な別の活動に集中するなどして，"精神的"に距離をとるという方法もあります。自分の好きなこと，ふだんから楽しいと感じることをして

図3-2　過剰な怒りをクールダウンさせる方法の例

みるのもその1つです。

　"時間"の経過が怒りをしずめるということもあります。"時間的"に距離をとる方法です。怒り感情にともなってからだに生じた生理的な反応は，怒りを感じる事態が継続して起こらない限り，時間の経過とともに自然にクールダウンしていきます。

　怒りがなかなかしずまらないのは，多くはこころの中でいろいろなことをグルグル考えているからです。そこで，考えることを後回しにして，時間に身をまかせてからだのクールダウンを図るというのも1つの対処法です。

　また睡眠には，脳をリセットする機能があります。そこで，睡眠をとることで，グルグル考えることやからだの生理的な反応をリセットしてはどうでしょうか。

　「腹を立てているといいアイディアも浮かばないから，とりあえず寝よう」というやり方は，怒りをしずめるのに役に立ちます。

　それでもなお怒りがしずまらない場合は，怒りのエネルギーを発散する方法があります。"肉体的"に距離をとる方法です。走る，運動する，声を出すなど，からだを動かして発散します。

　その他にも，受け入れてもらえる信頼する人に，怒りがわき起こった状況について話をしたり，相談したりするという方法があります。この方法を使うには，ふだんから人間関係を大切にし，信頼できる人を身近につくっておくことが大切です。

　運動するにしても，誰かに話すにしても，「怒りのエネルギーを発散し，気分を立て直すための手段」であることを自覚しておくことが大切です。怒りをしずめるために，それらの方法を自分自身で"能動的"に選びとっておこなっているということが重要なのです。

　それは，そのように自覚することによって，怒りが不要な破壊的，攻撃的な行動に発展するのを防ぐことができるからです。

　しかも，怒り感情と向き合って，"自分自身で対処している"という経験ができれば，自信が生まれてきます。

④怒りのもとになっている考えについて再検討する

　わき起った怒り感情が強過ぎて，「考え」について検討する②のステップが踏めず，③のクールダウンからこころの整理を始めた人は，再び②のステップに戻りましょう。

　③で，ほぼ怒りがしずまったがモヤモヤしたものが残っている場合や，怒りを感じた状況に一度きちんと向き合って整理した方がよいと考えた場合は，怒りのもとになっている自分自身の考えを確認するようにします。コラム法などを使って，そのときの考えを再検討してみてもよいでしょう。

　相手の人は，自分には「不当だ」と思えることをなぜしたのでしょうか。その人は当然だと思ったのでしょうか。それとも，自分を攻撃するためだったのでしょうか。

　このように，いろいろな角度から考えてみると怒りがしずまってきます。

⑤怒りのもとになっている問題を解決する方法について検討する

　怒りがしずまり，冷静さを取り戻した後で，今回怒りを感じた状況に対処が必要だと考えた場合は，第2章で説明した問題解決技法を活用してその問題を解決していくようにします。

　ただし，怒りを感じたまま問題解決をしようとすると，相手への怒りが強まることがあります。問題解決に向けた検討は，冷静さを取り戻してから取りかかるようにしましょう。

3　怒りへの対処の実践

　それでは，ここまで説明してきた怒り感情への対処プロセスを踏まえた上で，日常の場面を例にして具体的に考えていきましょう。

事例3-①

> 　中学生のS恵さんが学校の図書館で静かに本を読んでいると，近くで男子のグループがおしゃべりを始めました。その人たちの声が耳に入ってきて，S恵さんは読書に集中することができなくなってしまいました。
> 　S恵さんは，「図書館は静かに本を読む所なのに，そこで大きな声でおしゃべりをするとは何事だ」と考え，怒りを感じました。

　さて，ここで怒りを感じているS恵さんは，その怒りにどのように向き合い，どのように対処していったらよいでしょうか。いくつかの対処法を考えてみましょう。

対処法１：おしゃべりしている人たちに，別の場所に行ってもらうようお願いする

　読書をしているＳ恵さんは，読書の邪魔をされたことを「不当だ」と考えて怒りがわいたのですから，根本的に解決するためにはおしゃべりをしている人たちにどこか別の場所に行ってもらう必要があります。

　そこで，おしゃべりをしている人たちに向かって，「ここは図書館なのだから，おしゃべりするなら別の場所でしてくれない！？」と言いたいところですが，これでは怒り感情にともなう攻撃性を，相手にそのままぶつけることになってしまいます。

　怒りは，相手の怒りを引き出します。怒り感情をぶつけられれば，仮に「悪かった」と思っても腹が立ってくるものです。そうすると，お互いに怒りにまかせて行動するようになり，問題がますます大きくなってきてしまいます。

　もし相手に自分の思いを伝えたいのであれば，「怒りへの対処プロセス」の"⑤問題解決"でも触れたように，まずは怒り感情をしずめた上で「話し合いは別の場所でしてもらえませんか」と，冷静に伝えるのがよいでしょう（第４章参照）。

対処法２：誰かの協力を得て対処する

　自分で相手に直接注意しなくても，図書館の職員に「図書館は静かにするべき場所なのに，おしゃべりしている人がいる。何とかして下さい」と訴えるという方法もあります。

　そうすれば，職員がおしゃべりしている人に対して，その場で上手に注意してくれるでしょう。うまくいけば静かな環境が戻って読書を続けることができ，怒りもしずまるかもしれません。

　あるいは後日，冷静になってからＳ恵さんがあらためて図書館へ行き，「図書館でおしゃべりする人が多くて困ることがある」と職員に伝え，対処を頼むという方法も考えられます。職員が，「図書館では静かに！！」と書いた紙を壁に貼って対処してくれるかもしれません。この方法では，怒りをその場ですぐにしずめて，読書を続けることは期待できませんが，その後同じような問題を起こらなくさせることが期待できます。これは，「怒りへの対処プロセス」の"⑤問題解決"に相当します。

　以上の２つはアイディアとして浮かびやすい対処法ですが，実際には怒り感情を抱えたままの状態で相手にアプローチすることになりがちです。そして，その怒りが相手に伝われば，相手の怒りを引き出すことになってしまい，問題を解決するよりもむしろ問題を大きくする方向に進んでしまう可能性があるので，注意が必要です。

　また，これらの対処はお互いに知らない人たちが集まっている図書館であれば，実行しやすい方法だと言えます。しかし，**事例３**（前頁）のように相手が顔見知りの場合には，その後も人間関係が続くことを考えてためらう人がいるかもしれません。

対処法３：怒りの対象から距離をとる

　図書館で本を読むことをあきらめてさっと席を立ち，別の場所へ移ることで怒りをしずめると

いう方法もあります。これには，次の2つのパターンが考えられます。

1つは，相手に直接注意したり図書館の職員に訴えたりするほどの勇気やこころの余裕がなく，いたたまれなくなって席を立ち，図書館から出ていくというものです。しかし，"いたたまれなくなって席を立つ"といった受動的な行動は，後で自己嫌悪に陥ることが多いので避けた方がよいでしょう。

もう1つのパターンは，"自分の意志"によって「今はいったん図書館から出よう」と決めて席を立ち，図書館から出ていくというものです。この場合は，先ほど紹介した「怒りへの対処プロセス」の①③④（⑤）のステップを踏んでいます。

①怒りを自覚する
　「図書館でおしゃべりして，他人の読書を邪魔するなんて許せない」と，腹が立った。
③過剰な怒りをクールダウンさせる（怒りの対象から距離をとる）
　腹が立って読書にも集中できないので，このまま図書館にとどまることをあきらめ，怒りをしずめるために席を立つことを"自ら"選択した。
④怒りのもとになっている考えを検討する
　図書館を出て，怒りが少しクールダウンしたところで，自分が腹が立ったのは「図書館でおしゃべりして，他人の読書を邪魔するなんて許せない」と考えたからだと，あらためて自覚した。
　そしてさらに，「学校の図書館では，同級生がおしゃべりをしてうるさいということは時々ある。今日はその状況に巻き込まれて，読書が続けられなくなった。運が悪かった」と，これまでの経験を踏まえて考え直してみて，今日のできごととこころを整理した。
⑤（必要なら）怒りのもとになっている問題を解決する方法について検討する
　おしゃべりがうるさくて，図書館での読書が困難なことがしばしばあるとしたら，どうすればそのようなことが減らせるか，どうしたら快適に好きな読書ができる空間を自分が手に入れることができるか，解決策を練る。

以上のように，自分のこころにわき起こった怒りを自覚し，それとともに浮かんだ考えを見直してみることで怒りをクールダウンさせるという一連のプロセスは，こころに余裕があるときであれば，私たちが自然におこなっているものです。

繰り返しますが，こころの中に怒り感情がわき起こること自体は，悪いことではありません。むしろ，自分が「不当だ」と思ったときには，きちんと"腹を立てる"ことが大切です。ただ，腹を立てたままの状態で次の行動を起こすと，自分でも思いもよらなかった方向に話が進んで，問題が大きくなってしまうことがあるので注意が必要です。

ここでは，それを防止するための対処の例を示しました。認知行動療法を学ぶことによって，怒り感情に対しても「自身の考えを受け止めて検討する」ということを主体的・能動的におこなえるようになります。

では,「対処法3：怒りの対象から距離をとる」を選び,図書館を後にしたS恵さんのその後の様子をみてみましょう。

事例3-②

S恵さんは,仕方ないとあきらめて図書館を後にしました。

当然,おしゃべりに悩まされた当初よりは怒りがしずまっていましたが,帰宅後も何となく気分が悪い,すっきりしない状況が続いていました。

そこで,台所で夕食の準備を始めていた母親に,その日の図書館でのできごとについて「ノリノリで本を読んでいたのに,いい迷惑だよ」と,愚痴をこぼしました。怒り感情が再びよみがえって,怒った口調で話していました。

母親は,「そう,災難だったねぇ」と,S恵さんに共感してじっくり話を聴いてくれました。

すると,S恵さんの気分は楽になってきて,図書館でのできごとはもうどうでもよいことのように思えてきました。

対処法4：誰かに話を聴いてもらう

この場合,怒り感情を出しながら母親に愚痴をこぼすという行為は,「怒りへの対処プロセス」の③で説明した,「問題を大きくしないように注意しながら,怒りのエネルギーを発散する」行動の1つと考えられます。

怒りのエネルギーを発散する場合には,「怒りのエネルギーを発散し,気分を立て直すための手段」であると自覚しながらおこなうことが重要です。

S恵さんが母親に話したのは,図書館でおしゃべりを始めた人たちの名前を伝えることが目的なのではなく,あくまでも怒りのエネルギーを発散するためであり,また,母親もその目的を理解した上で彼女の話を聴いていたということがポイントです。そのためにも,ふだんから,身近でこうした対処法がとれるような人間関係をはぐくんでおくことが大切になります。人間関係のつくり方については,第4章を参照して下さい。

「こころのスキルアップ教育プログラム」では，単元3「怒りに向き合うスキル」(p.103) で，怒り感情への向き合い方について学びます。この単元は，プログラムを作成し始めた初期には，内容として含まれていませんでした。しかし，現場の先生方から強い要望をいただいたということもあり，プログラムに組み込むことになりました。

実際の授業においては，第1時（指導案7，p.104）でまず，「不当なことに対して怒りを感じるのは自然なことで，必ずしも悪いことではない」ということを子どもたちに伝えます。そして，「怒りを感じると，自分の意志とは関係なく，攻撃性につながる生理的な反応がからだに生じる」ことを学びます。

その上で，第2時（指導案8，p.110）は，「そのようなからだの反応を封じ込めるのではなく，怒り感情にきちんと目を向けた上で，問題を大きくせずに怒り感情に上手に対処するにはどうしたらよいか」ということについて，クラスのみんなで考えるという構成になっています。

第4章 相手を思いやり，自分を大切にするコミュニケーション

1　コミュニケーションパターンの把握

　コミュニケーションとは，『広辞苑』（岩波書店）によれば「社会生活を営む人間の間で行われる知覚・感情・思考の伝達」と定義されています。社会は人と人との関係性から構成されているので，当然，人間関係を築くための手段であるコミュニケーションは大変重要です。

　社会の構成要素である私たち一人ひとりの人間は，それぞれ個性をもった存在です。個性とは，おとなしい，勝気，病気しにくい，背が高い，汗っかきなどの生まれながらの気質や体質と，これまで説明してきたような人生の経験から徐々に形成されてきた価値観（ものの考え方，とらえ方）や行動パターンから成り立っています。

　それから，一人ひとりの人間には，それぞれ社会での役割があります。ここで言う役割とは，会社などの組織での肩書，集団や家庭での立場といった明確なものです。

　そして，そのような個々の人間と人間が関わると，その間には様々な関係が生まれます。そこでどのような関係が形成されるかは，個々の人間の個性と役割から決まってきます。

図4-1　Kieslerの対人円環（『慢性うつ病の精神療法—CBASPの理論と技法』医学書院，2005年を筆者一部改変）

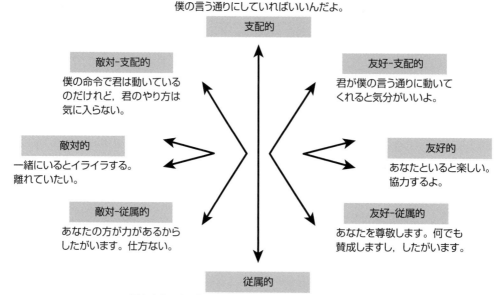

▶ 対人関係には法則がある

Kieslerは，そのような"人と人との関係"を研究し図4-1のような対人円環を考案しました。ここから，この図がどのようなことを示しているのか，例を挙げながら具体的に説明していきます。

まず，この図の縦方向の矢印からみていきましょう。縦方向は，"力の関係"をあらわしています。

事例4-①

中学生のD君は，親分肌で堂々としています。ケンカも強いし，運動も得意です。彼の仲間になれば，自分がいじめられることはまずないでしょう。しかし，彼は自分の仲間に対し，上から押さえつけるような態度や言葉で接します。

このような対応をするD君と人間関係を築いている人は，彼に対してどのような対応をしているでしょうか。おそらく，まず，S君のように「D君にしたがいます。だから僕を守って下さい」という態度をとっているでしょう。そんなS君に対し，D君は，「守ってやるから，僕の言うことを聞け」と言います。

この場合，D君とS君の間に，縦方向の「支配―服従」関係が成立していることになります。

図4-1の縦方向の矢印は，2者間に人間関係が成り立っている場合，一方が支配的な対応をしていれば相手は服従的な対応をしている，ということを示しています。

次に，横方向の矢印についてみてみましょう。横方向は，"好き嫌いの関係"をあらわしています。

事例4-②

D君は幼い頃から，いとこのJ君と交流があります。J君はD君と同い年で，隣町に住み，現在，通っている中学校のサッカー部でキャプテンをしています。

2人とも腕白で，外で遊ぶのが大好きということもあり，川遊び，山登り，サッカー，スノボーと，夏休みも冬休みもよく一緒に遊びました。ある夏休みに，一緒に川遊びをしていたときに足を取られて危うく溺れそうになったJ君を，D君が必死で窮地から救ったことがありました。一方で，D君に比べて勉強が得意なJ君は，中学に入って数学がわからず真っ青になっていたD君を，わかりやすく教えてくれる塾に誘ってあげました。

2人はお互いを認め合い，一緒にいて楽しいと感じています。この場合，D君とJ君の間には「友好」関係が成立していることになります。図4-1（p.38）で，"友好的"から出た矢印は，途中で折り返してまたもとの"友好的"に戻ってきています。これは，こちらが友好関係があると思っている場合には，相手もそう思うということを示しています。

> **事例4-③**
>
> D君の中学校には，Rさんも通っています。彼女は勉強もよくできて，学級委員にしばしば選ばれ，生徒会にも率先して関わる生徒です。そして，D君の威圧的な態度に対して，「するべきことすらしていないのに，ただ威張っているだけ」と，否定的に受け止めています。
> 　先日も，1学期末の大掃除の際に，重い教員机を運ぶのを手伝いもせず，同じ班の女子にまかせて壁にもたれて傍観しているD君を見つけて，Rさんは「みんな苦労してやるべきことやっているのだから，あなたもちゃんと参加して手伝いなさいよ」と注意しました。するとその後は，以下のようなやり取りが続くことになりました。
> D　君：なにぃ？誰に向かって言ってるんだ，お前。
> Rさん：D君でしょ。D君以外に誰もいないじゃないの。
> D　君：俺にそんな言い方していいと思ってるのか！
> Rさん：言い方が気に入らなかった？じゃ，そこは謝るわよ。今は大掃除の時間だから，一緒に協力してやりましょう，さあ，運んで運んで！！
> D　君：何だよ，他の人の言うことは聞いても，お前の言うことだけは絶対聞きたくないね。

このように，D君とRさんは犬猿の仲です。2人とも，お互いに相手が嫌いです。決して一緒にいたいとは思いません。離れていたいと思います。この場合，2人の間は，「敵対」関係ということになります。

図4-1で，"敵対的"から出た矢印が途中で折り返してまたもとの"敵対的"に戻ってきているのは，"友好的"の場合と同じで，一方が「腹が立ってくるから離れていたい」と思っていれば，相手もそう思って，そういう態度で返してくることを示しています。

図4-1が示している基本的な内容について，理解していただけたでしょうか。

ここで注目していただきたいのは，おそらくD君は基本的に威圧的な対応をしがちな生徒なのでしょうが，少なくともいとこのJ君に対してはそのような態度はほとんどみせないだろうということです。つまり，同じD君でも，相手がどのような人で，どのような態度をとるかによってD君自身の態度が自然と変わり，D君がどのような態度をとるかによって相手のとる態度も変わってくるということです。

自分のとる態度が相手に影響を与えて相手の自分への態度を決め，そうやって決まった相手の態度に，今度は自分も影響を受けて自分の態度も変わるというようにして，お互いに影響を受け合いながら人間関係は成り立っています。

Kieslerは，人間関係におけるこの"お互い様"の部分を「相補性」と呼び，図4-1のように，"力

の関係"を縦軸,"好き嫌いの関係"を横軸にとり,さらに東西南北の方位のようにその中間を区切って8区分に分けました。ここに相補性のルールを組み入れると,次のような5つの人間関係のあり方のタイプに分かれます。

a. 一方が"支配的"なら,相手は"服従的"
b. 一方が"友好的"なら,相手は"友好的"
c. 一方が"敵対的"なら,相手は"敵対的"
d. 一方が"支配―友好的"なら,相手は"服従―友好的"
e. 一方が"支配―敵対的"なら,相手は"服従―敵対的"

d,eについては,教師と子ども,上司と部下,といった上下関係が既成の事実として与えられている関係を例にとって考えてみるとわかりやすいので,そのような例を取り上げて具体的にみてみましょう。

事例5

> OLのH子さんが配属されている部署には,総勢10名が働いており,そこのトップがこの春,Y課長からS課長に変わりました。Y課長のもとで3年間働いたH子さんは,人との関係を大切にする彼の人柄が好きで,尊敬していました。
> H子さんが仕事に慣れてくると,Y課長も彼女を頼りにすることが多くなり,そんなY課長のもとでH子さんははりきって仕事をしていました。
> ところが,1年前の人事異動でY課長は他部署への配属が決まり,新たにS課長がやってきました。S課長は切れ者で,仕事が正確で早いので,H子さんには彼を純粋に尊敬する気持ちがあります。しかし,部下の仕事のやり方や個性を大切にしようとしないS課長のやり方に,間もなく窮屈さを感じ始めました。1年経った今では,S課長から「H子君,この書類は月末に提出するものだが,今週末までの完成をめざして」とはっぱをかけられても,「また,言ってるよ」とこころの中で思って,課長のペースには極力乗らないことにしています。
> 一方で,S課長は自分の言うことをよく聞くK子さんを頼りにしているようで,H子さんは「仕方ない」と思いながらも,快くはありません。

この場合,Y課長とH子さんの関係は,立場上の上下関係が守られていて,なおかつうまくいっている気持ちのいい関係ですからdということになります。一方,S課長とH子さんの関係は,立場上の上下関係は守りながら何とかやっていますが,ギスギスしている関係となっていますからeとなります。**事例4-①**(p.39)におけるD君とS君で考えれば,S君がD君を慕っていてしたがっているならd,S君がD君に反発するこころを抱きながらしたがっているとすればe,ということになります。

なお,通常,同じ2人の人間関係において,ある場面では一方が支配的で相手が従属的,別の場面ではこれが逆になり,もっと別の場面ではお互いに友好的,ということもあり得ます。家族,夫婦,親友など,多くの場面をともにし,付き合う時間も長い関係では,その時々でそれぞれの人がもつ別の面が顔を出し,それにともなって関係が変わってきます。

また，D君の例でも示したようにこれらの関係は流動的で，お互いの態度が自然に変化します。自分が態度を変えれば，相手もa～eの法則にしたがって態度が変わってきます。

　H子さんが，K子さんのようにS課長の指示を守って仕事をすることをこころがければ，S課長のH子さんへの対応が変化してくる可能性もあります。

　さて，図4-1の見方は理解できましたでしょうか。子どもたちの間にある力関係を把握する際に，教師がKieslerの対人円環の知識をもっていると，非常に役立ちます。

▶ 相手への対応の仕方を変えることが，関係のあり方の変化の第一歩

　ではここで，あなたと付き合いのある"ある人"との人間関係について考えてみましょう。

　あらためて，自分自身の個性と役割，相手の個性と役割について認識した上で，2人の間にどのような力関係が存在しているのか，Kieslerの対人円環に照らし合わせながら検討してみて下さい。

　その人との関係がなぜ心地よいのか（あるいは不愉快なのか），その人との関係がなぜ長く続いているのか（あるいは，すぐに途切れてしまったのか），その理由が明らかになり，納得できることでしょう。そして，今後どうしていったらよいか，その対処へのヒントも得られるでしょう。

　対人関係がうまくいかないときにはまず自分が変わってみる，それでしばらく様子をみる，というのは一般的にしばしば言われることです。そこで次に，自分を変えるためのテクニックと自分を変えることのもつ意味について，これまでに紹介したコラム法などを用いて考え方のバランスをとる「認知再構成法」や問題解決に具体的に取り組む「問題解決技法」とKieslerの対人円環を用いて説明します。

　例えば，Aさんは，仕事上，Bさんと一緒に活動していかなければならない立場にいるとします。AさんがBさんに対して"支配的"である場合，そのまま付き合いが続いているとすると，自ずとBさんはAさんに対して"服従的"になっています。2人がこのような関係になってしまうのには，相手と自分の個性や役割が影響しています。

　しかし，もし，AさんかBさんのどちらかがその関係性を心地よく感じられなかったり，何らかしっくりこないような感じを覚えたりするようになった場合に，この関係を改善するためにはどのようにすればよいのでしょうか。

　私たち一人ひとりの個性は，生まれながらの気質や体質と，これまでの人生の中で培われた価値観（ものの考え方，とらえ方）や行動パターンとで成り立っていると，この章の冒頭で説明しました。そこで，認知再構成を試みてみます。

　その相手との関係で不快に感じたそのときの状況を切り取り，そのときどんな気分で，何を考えて（思って）いたのか，そしてどう行動（対応）したか整理してみるのです。その上で，やはりそう考えるしかなかったのか，その状況に対して別の見方や考え方はないか，さらには，自分はその状況がどうなってほしいと思っているのか検討してみます。

　検討した結果，その状況における別の考え方を見つけることができると，「では，どう行動（対

応)したらよかったのか」，これまでとは違う対応の仕方が自然に浮かび上がってきます。そして，ここが大切なポイントなのですが，相手に対してこれまでとは違う対応をするということは，すなわちAさんとBさんの関係が，Kieslerの対人円環における新たな組み合わせに変化していく第一歩になり得るのです。

　付き合わなければならない相手との関係が心地よいものでない場合，自分の対応が変われば，自然に相手の対応も変わる可能性があります。相手の態度が自分にとって心地よいものに変わっていくようにするためには，相手に対する自分自身の関わり方を変えてみるようにします。

　けれども，このとき，仕方がないから自分が変わるしかないというのは好ましくありません。ここで大事なのは，相手に変わってほしいから，そうなるようにまず自分が変わることができるかどうかです。

　しかし，自分が対応を変えてみても，自分にとってより心地よい関係に変化していく兆しがみえない場合もあります。そうした場合には，その相手と付き合わなければならない具体的な状況（ある企画を一緒に立てなければいけない，など）について，問題解決技法を用いて検討し，解決の糸口を探っていくようにします。

　あるいは，頭では自分がどのように対応を変えればよいかわかっているのに，現実場面で対応を変えられるだけのスキルをもち合わせていないこともあります。その場合は，必要となるスキルを学んで，練習する必要があります。

　これから，自分の対応を変えるために必要となるスキルを一緒に学んでいきましょう。

2　友好的な関係をはぐくむコミュニケーションのとり方

▶ 友好的な関係の基礎は安心感

　Kieslerの対人円環から考えると，一方の接し方が"友好的"なものであれば，それに対して相手も"友好的"な傾向で接するようになります。では，"友好的"とは具体的にはどのようなものなのでしょうか。

　Kieslerは，"友好的"であることを示す例として，「その人が好きだから，助けになりたいと思う」「その人といると感謝されているように感じる」などを挙げています。"好き／嫌い""助けになる／ならない""感謝の気持ち"，いずれも主観的な要素が入り込んでいて，何が基準でそのような気分になったりそのような受け取り方をしたりするかは，人それぞれということになります。

　それでも，友好的な2人の間には少なくとも"疑い"や"緊張感"をはらんだ空気はなく，"信頼"と"安心感"が漂っています。そこで，ここではまず友好的な関係をはぐくむ基礎になる「安心感」が生まれるようなコミュニケーションにするために，どのような工夫をするとよいか説明することにします。

　その工夫の1つは，相手の気分に寄り添いながらコミュニケーションを続ける，というものです。

　本章の冒頭で，コミュニケーションとは「社会生活を営む人間の間で行われる知覚・感情・思考の伝達である」という定義を紹介しましたが，この中の「感情」に特に注目してコミュニケーションするのです。
　これは，言葉をまだ十分に話すことができない赤ちゃんや幼児を母親があやす場面を想像すると理解しやすいでしょう。母親はわが子の気分をくみ取り，受容しようとします。「おーよしよし，悲しいのね」「あー，おっぱいほしいの？お腹がすいたのね」というように。すると，子どもは安心します。
　対照的に，子どもに対して何かしつけようとする場合は，たとえ言葉が十分に話せない時期であっても，母親は説明的になり，子どもの気分に寄り添えなくなります。
　このように，気分に寄り添うことによって，人間の基本的な安心感が生まれてきます。

▶ 相手の気分に寄り添う，感謝の気持ちを言葉で伝える

　それでは，ここから，相手の気分に寄り添ってコミュニケーションをとるための工夫について紹介します。ここでは，小学生以上の，自分の考えを言葉で伝えることができる年齢以上の相手とのコミュニケーションを想定しています。
　相手が，経験したできごとや印象に残ったことについて話しているときに，聴き手が話し手の気分に寄り添うためには，その話の背後にある話し手の気分をくみ取って，言葉で伝えるようにします。「それはよかった。うれしかったでしょう」「それは残念だったね」「さぞかし暑かったでしょう」「腹が立ったでしょう，よく我慢したね」「相当痛かったのでは？」「とてもがんばったんだね」といった具合です。
　その話し手とこれから議論したい場合や何か依頼をしたい場合，何かしつけようとする場合でも，まず相手の気分に寄り添って一言二言，言葉を交わすようにして下さい。

もし，万が一，聴き手がくみ取って伝えた気分が話し手にとってしっくりこないものであったとしても，それはそれでよいのです。なぜなら，そうすることで聴き手が相手を理解しようとしていることや相手を気づかっていることが，十分話し手に伝わればよいからです。

　ですから，そのような場合でも話し手が不快な気分になることはまずなく，もっと正確に理解してもらおうと考える場合がほとんどです。場合によっては，「それは違う」「それほどではなかった」と否定したり，違った角度から説明し直したりするでしょう。この点については，第7章も参考にして下さい。気分に寄り添いながら傾聴する方法を紹介しています。

　それから，お互いに感謝の気持ちをもつことが友好的な関係につながると考えられるのであれば，感謝の気持ちを言葉で明確に伝える習慣をつけるとよいでしょう。誰かに何かしてもらったときには，「ありがとう」とお礼を言うものだということは，小さいときから教えられていることです。

　身近な人にはむしろわざわざ言葉にしない，こころの中で思っているから十分だ，という人がいるかもしれません。あるいは，身近な人だからかえって照れくさいという人もいるのではないでしょうか。そのような考えからこれまで「ありがとう」と言ってこなかった人は，今日からは実験だと思って時々言葉にして伝えてみて下さい。さらに関係がよくなってくるはずです。

　当たり前のことですが，気分に寄り添うにしても感謝の気持ちを伝えるにしても，こころにもないことをテクニックだけ使って相手に伝えても，なかなかうまくいかないものです。

　最初の2, 3回は，相手のことがよくわからないけれど仲良くなりたいと思って，それらのテクニックを"テクニック"として意識して使うこともあるでしょう。しかし，そうやって関係を築いていって相手を理解し，共感できるようになると，途中からいつの間にか相手の気分に寄り添いながら話を聴いていたり，こころからありがたいと思えたりする，そんな関係が自然にできてきます。それこそがKieslerが述べている"友好的"な関係に相当するものです。

　もちろん，このテクニックを使って努力すれば，誰とでも友好的な関係になれるというものではありません。私たち一人ひとりの人間には個性があり立場がありますから，一筋縄ではいかないこともあります。それでも，この方向で努力すれば友好的な関係が生まれやすくなります。

　ただし，寄り添う気もないのに，テクニックを用いて言葉の上だけで気分に寄り添う振りをしていたり，ありがたいと思ってもいないのに感謝の言葉を伝えたりしていても，結局はある時点から安心感や感謝の意が伝わらなくなってくるものです。

3　目的のない会話を続けるための工夫

▶ 相手が続けて話したくなる返答の仕方

　次に，昼食時や会議室などで偶然居合わせた場合など，他愛もない雑談場面で気持ちよく話を続けるための工夫について考えてみましょう。

　そのためにはまず，これまで説明してきたように相手の気分に寄り添った受け答えをしてみて

下さい。**事例6**では、話し手のMさんが感じた気分を、聴き手であるOさんがくみ取って対応しています。

> **事例6**
>
> Mさん：昨日の会議、予定を大幅に延長して2時間以上話し合って、結局はっきりした結論も出ないまま終わったんだよね。まったく何とかならないのかな、あの件は…。
> ◇これに対するOさんの返答
> a. 会議を運営する側が、会議の前にもっと準備をすべきだよね。関係者全体にその件についてヒアリングしておくとか。
> b. 2時間以上となると、うんざりするね。

aもbも、Mさんの気分をくみ取って対応しています。aは"事実"に対するコメントで、bは"気分"へのコメントです。状況や関係性によってこの2つを使い分ける必要があります。

▶ 開かれた質問をこころがける

相手がどのようなことに興味があるのか情報を集め、それに関連する話題について話すようにするとか、そのためにその人が興味のあることをあらかじめ気にかけたり、調べたりしておいたりすることなども、雑談を続けるのに役に立ちます。

この場合、会話を気持ちよく続けるために、聴き手は、2人の間で展開している話題について開かれた質問（Yes／Noで答えられないタイプの質問）をするようにこころがけるとよいでしょう。開かれた質問とは、英語での5W1H（いつ、どこで、だれが、何が、なぜ、どのように）に代表されるタイプの質問です。

こうした質問を投げかけられた相手は、質問に対して説明することになるので、自然と会話が続きやすくなります。**事例7**で、具体的にみてみましょう。

> **事例7**
>
> **Iさんとプロ野球好きのTさんとの雑談風景**
> Iさん：Tさんは、どこの球団を応援していらっしゃるのでしたっけ？
> Tさん：ジャイアンツに決まってるでしょ。昨日もいい試合してたよね。でも負けっちゃってさぁ。
> Iさん：負けたんですか。そりゃ残念でしたね。どこでその試合をご覧になったのですか？
> Tさん：半分はラジオで。後は深夜のスポーツニュース。最近、テレビであんまり中継してないからさ。つまんないんだよね。
> Iさん：試合そのものがみられないのは、残念ですね。球場まで足を運んで生で観戦できたら、どんな気分なのですか？

> Tさん：そりゃ最高でしょう。ビール飲みながら思いっきり応援して，それで勝ってくれたらこの上ないよね。でも，現実問題，気軽に行けないでしょう。お金も時間もかかるからね。
> Iさん：球場に行けばそれだけ盛り上がることはわかっているのに行けないとなると，<u>じれったい</u>ですね。

このように，開かれた質問をして返ってきた相手の発言に対して，気分に寄り添う形で応答すれば，話し手は話しやすくなりますし，さらに続けて話す気にもなってきます。

質問するばかりになってしまって不自然だと思う場合には，聴き手の側も，2人の間で展開している話題に関する自分の感想や体験談を，タイミングをみながら話すようにするとよいでしょう。

4　自分の意見や要望を伝えるためのコミュニケーションのとり方

▶ 相手に自分の意見や要望を伝えるときの3つの話し方

ここまで，友好的な関係をはぐくむためのコミュニケーションの工夫や，明確な目的のない会話を気持ちよく続ける工夫について紹介してきました。続いて，明確な目的をもって相手に話しかける場合について，考えていきましょう。それは自分の意見を主張したり，アイディアを提案したり，自分の要望を伝えたりするときです。

自分の意見や要望を発信するときは，相手がどんなに親しい人でも，それを受け入れてもらえるかどうか心配になって緊張します。なぜなら，相手にも何らかの意向が当然あるはずで，それと自分の意見が対立する可能性があるからです。しかも，あらためて提案する場合は，どちらかと言えば，相手が簡単に賛成しない可能性がある場合が多いものです。

そこで，まず，米国で培われてきた「アサーション」の概念を日本に紹介した平木典子氏の説明を参考にしながら，自分の意見を相手に伝えようとするときの話し方を3つに分類してみましょう。

アサーションとは，「人は誰でも自分の意思や要求を表明する権利がある」という立場に基づき，お互いを尊重しながら率直に自己表現することを指します。アサーションの観点からは，「まず自分のことを考えるが，相手のことも配慮する」関係性が望ましいとされます。

事例8

> Fさんは，銀行のATMで現金を引き出そうと思い，15人くらい並んでいる列に加わって20分近く経過しています。ようやく次が自分の番という状況になったところに，50歳代の女性が汗をかきながら走ってきて，Fさんの前に割り込んできました。

こうした状況でFさんがとる対応として，どのようなものが考えられるでしょうか。

a.「みんな順番を守って並んでいるのに，割り込むなんて非常識もはなはだしい。ちゃんと並んで下さい！」と，相手に言う。
b.「私なんて真面目に並んでいるのに，この人は待たずに用事を済まそうとしている。ずるい人だ」と，こころの中では思うけれど，そのまま順番をゆずってしまう。
c.「何かお急ぎのようですね。待っていられない事情がおありかもしれないですが，みんな順番を守って並んでいるのですから，あなただけ先に用事を済まそうというのは無理があるのではないでしょうか。私や他の方がしているように，順番を守っていただきたいです。それが無理なようなら，その理由を教えていただけますか」と，相手に言う。

さて，あなたはこういった状況になった場合に，どれに一番近い対応をするでしょうか。並んでいたのは何時頃か，自分の時間の都合や体調はどうかなど，そのときの微妙な条件によって同じ人でも対応は変わってくるでしょう。

自分の意見や要望を発信する場合における3つの対人関係のあり方と照らし合わせると，aは「アグレッシブ（攻撃的）」な対応，bは「ノン・アサーティブ（非主張的）」な対応，そしてcは「アサーティブ」な対応と言います。整理するとそれぞれ，次のように説明できます。

・アグレッシブ：自分のことだけを考えて，他者を気づかうことがない対応。
・ノン・アサーティブ：自分よりも他者を常に優先し，自分のことを後回しにする対応。
・アサーティブ：自分のことを優先して考えるが，他者にも十分配慮する対応。

あらためてこの3つの対応を書き並べてみると，cの対応がもっとも適切なのではないかと，多くの人は感じるでしょう。アサーティブな対応とは，相手も自分も大切にしながら自分の意見を相手に伝え，相手の反応を待つという極めて紳士的な方法です。

　しかし，突然の事態におそわれ，その状況の中でcにあるような内容を相手に伝える自信はない，いや，そんなことできるのかと，これもまた多くの人が思ったはずです。

　そうした声に応えるために，アサーティブに自分の意見や要望を伝える際の工夫について説明します。そして，私たちがアサーティブな対応をするのがなぜ難しいのかについて考えます。最後に，アグレッシブな対応やノン・アサーティブな対応の弊害，アサーティブな対応をするときの留意点についてみていきます。

▶ アサーティブな対応の組み立て方

　相手に配慮しながらも，自分の意見をはっきりと伝えるためには，会話の流れの組み立て方を工夫する必要があります。その手順を，**事例8**（p.47）をもとにして具体的に説明します。

①これから話題にする状況を述べ，相手と共有する

　「何かお急ぎのようですね。」

　これは，相手に対し，「あなたが慌てて割り込んできたことを話題にしています」と明確化しています。

②その状況に対して，自分が感じたこと（感想）を述べる（このとき，相手の立場を尊重する一言を忘れないこと）

　「待っていられない事情がおありかもしれないですが，みんな順番を守って並んでいるわけですから，あなただけ先に用事を済まそうというのは，無理があるのではないでしょうか。」

③自分の意見を提案する

　「私や他の方がしているように，順番を守っていただきたいです。」

④提案が相手に受け入れられない場合にどうしてほしいか，譲歩した提案を用意しておいて，提案と一緒に伝えるか，提案が受け入れられないとわかったときに伝える

　「それが無理なようなら，急いでいる理由を教えていただけますか。」

　もし，お客の整理を任された銀行のスタッフがATMの近くに立っていれば，割り込もうとした人に対して，きっとこういった対応をとったはずです。おそらく，このように対応する教育を受けているのでしょう。

▶ より簡単にアサーティブな対応を導き出す方法

もう1つアサーティブな言い方を導き出す方法を紹介しましょう。

①思いっきり強い言い方をするとすればどうなるか考える

「信じられない！いい年して非常識だ！ちゃんと列に並んで下さい。」

（アグレッシブな対応に相当）

②思いっきり自分が引いた対応をするとすればどうなるか考える

「きっと割り込まざるを得ない事情があるのですね。」

（ノン・アサーティブな対応に相当）

③その中間あたりをねらって発言してみる

「何か事情があるかもしれないけれど，私も他のみんなも時間がないのに並んでいます。あなたもそうして下さい。」

（アサーティブに近い対応になるはずである）

　すでに自分でこうした方法を使っている人は多いのではないでしょうか。生活の知恵として無意識におこなっているものをあらためて文字にしてみると，今まで気づいていなかったけれどこういうことをやっているのかと頭の中が整理されるので，応用範囲がさらに広まるというメリットがあります。どちらの方法にしても，使い慣れて自分のスキルとして定着するまで練習が必要です。日常の生活の中で，何度も使ってみましょう。

5　アサーティブな対応の難しさ

▶ アサーティブに対応することを難しくさせている「考え」

　アサーティブな対応について理解していただけたかと思います。誰かに自分の意見・要望を伝える際には，相手の立場も尊重しながら自分の意見を述べる，そのような対応をするに越したことはありません。

　しかし，そのように対応すればよいとわかっていても，自分の意見を主張することは簡単ではありません。それはなぜでしょうか。

　私たち人間には「感情」があるからです。これまでに，相手に自分の意見を伝えようとしたけれどうまく言えなかったといった嫌な経験をしたり，「黙っていた方がむしろよいのだ」というように教育されたりする中で，次のような価値観（ものの考え方，とらえ方）がいつの間にか養われ，それらに縛られている面があるからです。

・自分の意見を気楽に伝える人はわがままだ。
・自分の意見は控える方が品がよい。
・自分の意見は言わない方がものごとはうまくいく。
・自分の意見を言うと相手が傷つく。
・自分の意見を言ってもきっと通らない。
・自分の意見を言うと相手に嫌われる。
・自分の意見を言うと相手から攻撃される。

　このような考え方は，この後で説明するポイントを押さえながら，アサーティブな対応を組み立てる手順にしたがって自分の意見を言う習慣ができてくると，自然に気にならなくなってくるでしょう。こうした価値観を強くもっていて，自分の意見を相手に伝えるべき場面でひどく迷ってしまうときには，認知再構成法などを用いてそのときの自分の考えを整理してみるとよいでしょう。

▶ 常に自分の意見を主張すればよいというものでもない

　自分の考えを主張しようと考えた状況も，いくつかの要素が微妙に関係して，アサーションのしやすさ，しにくさに影響しています。事例8（p.47）では，列に割り込んできた人の様子，自分がどんな事情で列に並んでいたか，銀行のスタッフなど味方になってくれそうな人が近くにいるかどうか，などがそれに当たります。

　それから，アサーティブな対応の手順にしたがってさえいれば，いつでも，どこでも，誰に対しても，自分の意見・要望を伝えるべきだし，伝える方がよいと言い切れるほど単純なものではない，ということも理解しておく必要があります。

　「自分の意見を伝えるべきだ」とは言っても，意見や要望を伝えるべきかどうか，伝えるとすればどのタイミングがよいかなど，一つひとつのことについて，その場その場で考え，判断しながら自分の行動を決める必要があります。

　次に，自分の意見や要望を伝えるときに注意すべき共通のポイントや工夫について説明していくことにします。

6　怒り感情との関係

▶ アグレッシブな対応は自分の怒りを相手にぶつけることになる

　第3章で「怒り」について説明しましたが，何か提案したくなる状況と怒りを感じる状況には共通点があります。前述したように，自分の意見や要望を伝えるときは，それが相手に受け入れられるかどうかわからないので，不安感や緊張感がつきまとうものです。それに，意見や要望を伝えようと思うときには，怒り感情がともなっていることが多いのです。

あなたは，どのような場合に自分の意見や要望を発信したくなるでしょうか。"現状を変えたい"ときが多いと思います。では，どうして現状を変えたいのでしょうか。それは現状に納得していないからです。自分が"納得できない"現状を変えるために，自分の意見を提案したくなるのです。

　怒り感情は，自分が置かれた状況を"納得できない"と考えるとわき起こってきます。つまり，アグレッシブな対応は，わき起こった怒り感情を自分の主張とともに，そのまま相手にぶつけていることになります。事例8（p.47）に示した状況で，Fさんがaのアグレッシブな対応をした場合，相手はどのような反応をするでしょうか。人によっては叱られてしょげてしまったり，あるいは注意されたことで申し訳なかったと思う人がいるかもしれません。

　けれども，多くの場合，自分が列に割り込んだことは棚に上げ，アグレッシブに意見を言ってきた人に対して"その態度は不当だ"と怒りを感じるものです。怒りを感じると，人間は心身ともに"戦闘モード"になり，自分を守り相手を攻撃することに意識が向いてしまうので，相手の要望を理解し，対応することには考えが及ばなくなります。こうなると，要望を伝えた側としては自分の提案を相手に受け入れてもらうことが本来の目的であったはずなのに，その目的の達成は遠のき，お互いに"戦闘モード"で相対することになってしまいます。

　このように，自分の提案や要望を相手に聴き遂げてもらうということが第一の目的である場合，こちらの怒りを向けることで相手の怒りを引き出してしまうのは得策ではありません。

▶ ノン・アサーティブな対応による怒りの蓄積

　ノン・アサーティブな対応は，自分の意見や要望を相手に伝えること自体をあきらめていることになりますから，自分の要望が実現することはありません。では，ノン・アサーティブな対応は，怒り感情と無関係なのでしょうか。実は，そうでもないのです。

　事例8の状況でFさんがbのノン・アサーティブな対応をした場合，確かに相手に自分の怒りを向けてはいませんが，おそらくこころの中では強い怒りを感じていたはずです。では，その怒りはどこへ行ったのでしょうか。事例のように，偶然その日だけ巻き込まれた状況で，意図的にノン・アサーティブな対応を選択したのであればまだしも，Fさんがふだんからノン・アサーティブな対応をしがちな人であったとしたら，どうでしょうか。そのような場合，本人も知らず知らずのうちに怒りのエネルギーが蓄積されて，大きくなっていきます。

　そして，何らかの理由で自分の意見や要望を提案せずにはいられなくなったときに，それまで蓄積されてきた怒りのエネルギーも一緒に放出されてしまいます。「ふだんおとなしい人が，突然キレた」という状況がまさにその現象です。ふだんはじっと我慢している本人としては，そのときはがんばって自分の意見を発信したのでしょうが，先ほども説明したように，怒り感情とともに自分の意見や要望を伝えても，相手には伝わりにくいのです。

　そうなると当の本人としては当然，「やっぱり無理して伝えても，わかってもらえない」という考えをもつことになって，結果としてノン・アサーティブな対応がその後も続くことになります。これは，悲しい誤解です。

▶ アサーティブな対応をするために怒りは横に置いておく

では、事例8の状況でFさんがcのアサーティブな対応をした場合、怒りを感じていなかったのでしょうか。自分の意見を伝えようとする前に、aやbと同様、列に割り込んできた相手に少なからず怒りを感じていたはずです。"不当だ"と思ったからこそ、相手に提案することにしたのでしょう。

アサーティブな対応の第一の目標は、相手に自分の提案を"聴き遂げて"もらうことです。そのためには、怒り感情は"意図的に"横に置いて、伝えたい提案の内容に意識を集中させる必要があります。怒り感情を交えずに、アサーティブな対応の手順にしたがって一度自分の意見を提案してみても、それに相手が向き合おうとしない場合もあるでしょう。そうしたときには、怒り感情を横に置いたまま、自分の提案を理解して検討してもらうためにもう一度自分の提案を伝える努力をしてみます。このように、礼節を保ち、順序立てて提案をされると、相手は怒り感情がもっとも生じにくい状況の中で、その提案を受け入れるか受け入れないかを考えることになります。そうすると、自分が提案した内容をきちんと把握した相手が出す意見を聴くことができます。

ところで、アサーティブな対応をした場合に、列に割り込まれたときに生じたFさんの怒りは、どうなるのでしょうか。

自分の意見や要望を礼節を保ちながら相手に伝えることができたことで、横に置いておいたFさんの怒りは自然にしずまっていくでしょう。なぜなら、Fさんにとって"不当"で"納得がいかない"状況が解消されたからです。もし、相手が自分の提案を受け入れない場合は、怒りがある程度残ったまま議論を続けることになるでしょう。それでも、自分できちんと提案できたことが自信につながり、冷静さを保ちやすくなります。

Fさんがアサーティブな対応の手順と礼節を守って提案しても相手が聴く耳をもたず、感情的に対応してきた場合はどうでしょうか。この場合は、提案した内容について検討してもらうという目的は達成できませんが、「感情的になっているから、今は何を話してもダメだ」と考えて、あきらめることができます。相手とその状況に対するFさんの怒りは持続するかもしれません。しかし、怒りは怒りでも、あきらめやあきれた気持ちが加わるなどしていて、列に割り込まれた当初に感じた怒りとは性質が変わってきています。

このように、誰かに何かを提案する場合は、強い感情、特に相手を攻撃する感情を交えずに意見を伝えること大切です。そうすることで、自分の提案に耳を傾け、検討してもらうという目的が達成されやすくなり、さらに、相手との実りあるコミュニケーションが実現するよい循環が生まれてきます。

「こころのスキルアップ教育プログラム」では、単元4「コミュニケーションスキル」(p.117)において、2時間分の指導案を用意しています。

第1時(指導案9, p.118)では、「ノー」と言いたいけれども言えない場合について話し合い、第2時(指導案10, p124)で、アサーティブに自分の意見を伝えるスキルについて学びます。

第 II 部

こころのスキルアップ教育の実践
―認知行動療法の学校での活用―

第5章 こころのスキルアップ教育プログラム

こころのスキルアップ教育プログラムとは

「こころのスキルアップ教育プログラム」は，しなやかなこころをはぐくみ，問題解決力を高めることをねらいとした，一連の教育プログラムです。その理論的な基礎になっているのは，本書の第Ⅰ部で説明した認知行動療法の考え方です。

認知行動療法では，「私たちの気分や行動は，そのときこころの中に浮かんだ考えの影響を受ける」という枠組みでこころを整理します。そして，その「考え」を現実に照らし合わせながら客観的に見直していくことで，問題に対処する力を育て，こころを楽にしていきます。

そこで用いられる様々な技法は，治療のためだけではなく，日常の生活におけるストレスへの対処やつらくなったこころを元気にするためにも役立ちます。しかも，それらの技法は治療のための特別なものではなく，こころが元気なときに私たちが意識しないで自然に使っているものなのです。

そこで私たち認知行動療法教育研究会は，授業を通じて子どもたちがこれらの技法（スキル）を身につけることができるよう，「こころのスキルアップ教育プログラム」を開発しました。そして，授業として取り入れやすくするために，一つひとつの授業を学習指導案（以下，指導案）の形で提示しました。本プログラムを実施することによって，具体的には次のような側面での子どもたちの成長が期待できます。

・自分を客観視するメタ認知能力が高まります。
・いろいろなできごとに対して，柔軟に向き合っていく心構えができます。
・自己コントロールの力が高まります。
・自己理解が深まるとともに，他者理解もできるようになり，思いやりのこころが育ちます。
・ストレスからの回復力（レジリエンス）が高まります。

子どもたちの「生きる力」（≒問題解決能力）をはぐくむ上で，大いに効果を発揮するのです。授業をおこなっていただくに当たって，認知行動療法に関する専門的な知識は必要ありません。

▶ プログラムの内容構成

こころのスキルアップ教育プログラムは，単元1「こころを整理するスキル」（全4単位時間），単元2「問題解決のスキル」（全2単位時間），単元3「怒りに向き合うスキル」（全2単位時間），単元4「コミュニケーションスキル」（全2単位時間），単元5「こころのスキルアップ教育のまと

め」(全2単位時間)という5つの単元,全12単位時間で構成されています。

基本的には,単元1から順に単元5までのすべての授業をおこなうことで,子どもたちが健康なこころをより元気にするための「こころのスキル」を身につけることができる構成になっています。しかし,学校教育の現場では,必修のカリキュラムや行事などで時間が埋まっていて,本プログラムの授業をおこなうための時間が限られています。そのため,すべての授業をおこなうことが難しい場合には,クラス・学年の実態に応じて,必要だと思われる単元だけを取り出して授業をおこなえるように工夫しました。

どのような順序や時数で本プログラムを取り入れるにしても,指導案1「できごと・考え・気分をつかまえる」(p.62)は,必ず最初におこなって下さい。なぜなら,この授業を通して子どもたちが学ぶ「気分や行動は,そのときの考えによって影響される」というこころの基本原理は,その後に続くすべての授業のベースになっているからです。単元1でこころの基本原理を理解した上で,単元2では問題(課題)の効果的な解決の仕方を学び,単元3では「怒り」感情との向き合い方を学び,単元4では自分の本意に沿わない誘いを断ったり,本意を上手に伝えたりする方法を学んでいきます。そして,単元5では全体のまとめとして寸劇という活動を通して,単元1

表5-1 こころのスキルアップ教育プログラムの内容構成

単元	No	タイトル	本時の課題	配当時間
1 こころを整理するスキル	1	できごと・考え・気分をつかまえる	・気分は考えによって影響されることについて,みんなで話し合おう。	1
	2	友達の悩みを整理する①	・友達の悩みを「できごと」「考え」「気分」に整理して,他の考えができないかみんなで話し合おう。	1
	3	友達の悩みを整理する②	・友達の悩みを「できごと」「考え」「気分」に整理して,解決する方法を考えよう。	1
	4	自分の悩みを整理する	・自分の悩みを「できごと」「考え」「気分」に整理して,解決する方法を考えよう。	1
2 問題解決のスキル	5	クラスの問題に取り組む	・問題解決のスキルを使って,クラスの問題に取り組もう。	1
	6	自分の問題に取り組む	・問題解決のスキルを使って,自分の問題に取り組もう。	1
3 怒りに向き合うスキル	7	怒りって何だろう	・「怒り」の意味とからだの反応を知ろう。	1
	8	怒りと付き合う	・「怒り」感情との付き合い方について考えよう。	1
4 コミュニケーションスキル	9	「ノー」と言えないとき	・「ノー」と言えるようになるために,そう言えないときの「気分」や「考え」を探ってみよう。	1
	10	アサーションのスキルを学ぶ	・自分の考えたことを素直に表現し,相手に伝える方法を学ぼう。	1
5 こころのスキルアップ教育のまとめ	11	学んだことを劇で表現する	・「こころのスキルアップ」の授業で学んだことを,みんなでショート劇にし,表現しよう。	2

から単元4までに学んだことをふり返ります。

　本プログラムでは，全体を通して「気分」という言葉が頻繁に出てきます。ここで言う「気分」は，「感情」とほぼ同義語ととらえていただいて差し支えありません。「感情」という言葉には，抽象的なニュアンスも漂うため，小学生などには理解しにくい場合が考えられます。そのため，意味するところがつかまえやすい「気分」を使っています。読み進める中で，「気分」では少し不自然に感じる箇所もあるかもしれません。それについては，授業を実践する教師が，クラスの実態に応じて「気分」を「感情」に置きかえても構いません。

▶ 授業を実践するに当たって

　本プログラムは，実際に授業に取り組んでいただくために，授業のイメージがしやすい指導案の形で提示し，さらに授業を進める際のポイントや注意事項などをまとめた「手引き」も用意しました。また，授業で使用する掲示物やワークシートなどの教材は，付属のDVDにデータが収録されているので，適当な大きさで印刷して活用して下さい。

　本プログラムは，クラス担任が授業をおこなうことを前提として組み立てられています（もちろん，教科担任制の敷かれている中学校・高校ではその限りではありません）。本プログラムでは，「こころのスキル」を育成することを最大のねらいとしていますが，そうしたスキルは1回の授業をおこなっただけですぐに身につくものではないからです。授業を最初のきっかけにしながら，折に触れて「この前，授業でやったよね」と繰り返し何度もふり返りをおこなうことでスキルの定着を図っていくことが大切なのです。そのためにも，クラス担任が授業をおこなうのがもっとも望ましいと考えています（もちろん，それ以外の立場の先生方が授業をおこなってもまったく問題はありません）。

　この授業を通して，教師と子どもたちとのコミュニケーションのあり方にも，前向きな変化があらわれる点も期待できます。授業は，常に「できごと，考え，気分」に着目して展開していきます。教師が「考え」や「気分」に注目しながら子どもの話を聴くようにすると，子どもは「自分の話をきちんと聴いてくれる」と感じ，教師に対して安心感や信頼感を抱くことでしょう。専門的なカウンセリングでは「傾聴」が大切であると言われますが，傾聴する内容は，相手の「考え」や「気分」に他ならないのです。

　本プログラムの授業を，どの教科の枠でおこなえばよいのかという実際的な疑問も生じるでしょう。これについては，どのような枠でも活用できると考えています。クラス・学年の実態を踏まえつつ，適した教科に位置づけながら実践して下さい。参考として，いくつかの実践例を紹介しましょう。

- ・国語科：コミュニケーションの単元の教材として位置づけた授業実践。
- ・総合的な学習：コミュニケーションスキルの育成という位置づけでの授業実践。
- ・保健体育科：「こころの健康」の単元教材として位置づけた授業実践。
- ・特別活動：学級活動の時間で，コミュニケーションスキルの育成という位置づけでの授業実践。

クラスや学年の実態に応じて，必要と思われる単元を，どの教科の枠組みでも取り入れることが可能であるという柔軟さが，本プログラム特徴の1つです。

　もう1つの特徴として，どの授業においても"体験学習"の形態をとっている点があります。それは，「こころのスキル」は知識として知っておくべきことはもちろん，実生活の中で活用できることがもっとも重要だと考えるからです。このため，グループワークを通して子どもたち同士が話し合ったり，個人個人がワークシート等を通して自分自身を見つめたりすることを活動の中心として，教師と子どもとが対話を通して学んでいけるような授業展開にしました。体験型の授業は，集中力が持続しにくい小学生でも楽しんで取り組むことができます。また，座学が中心となる中学生，高校生にとって，グループワークを通した話し合いは新鮮に感じるようです。

　このような授業を展開するには，授業者のファシリテーターとしての手腕が重要になります。ふだんの授業では座学が中心で，体験学習の指導に慣れていないという方もいるでしょう。そのような先生方でも指導がしやすいよう，指導案および手引きには発問の仕方や活動時の声のかけ方などについても，詳細かつ丁寧に記しました。

▶ 実際に授業を受けた子どもたち，授業を実践した先生方の感想

　本プログラムは，最初に作成されてからいくつもの小学校，中学校，高校，大学で授業を実践していただき，そこで出された意見や感想をもとに何度もブラッシュアップしながら，より取り組みやすく，ねらいとしているスキルが身につくものへと改良を重ねてきました。

　授業後におこなったアンケートでは，8割以上の子どもが「授業が楽しかった。また受けたい」と答えてくれています。また，小学生でも8割以上が内容を理解し，「難しい授業ではなかった」と回答しています。これまでに寄せられた授業後の感想を，少し紹介します。

（子どもたちの感想）
・自分の考えていることが「気分」につながることがわかった。
・人によって考え方や解決法などは様々なのが面白いと思った。人付き合いが楽しく思えた。
・友達の話をいろいろ聞けてよかった。友達の話を聞くことにより，自分の気持ちを整理し，相手のことを考える力になると思う。
・自分に何かできごとがあったとき，ネガティブにどんどん考えてしまうけど，冷静になればたくさんポジティブな考えがみえてくることがわかった。

（先生方の感想）
・生徒がいきいきと授業に参加していた。次年度もこの授業を続けたい。
・授業後，生徒対生徒，生徒対教師との関係がよくなった。
・友達の悩みを聞くことで悩んでいるのは自分だけではないことに気づき安心する子どもがいた。

　ここまで説明してきましたが，実際に授業をおこなうには勇気がいるかもしれません。新しいことに挑戦するときには，不安がともなうものです。本プログラムの趣旨に共感していただいても，いざ授業をおこなうとなると二の足を踏んでしまう人もいると思います。そこで本書では，

付属のDVDに指導案1「できごと・考え・気分をつかまえる」（p.62）の実際の授業の様子を撮影した動画を収めました*。それをご覧になって，まずは実践してみて下さい。子どもたちは，私たちが期待した以上に前向きに取り組んでくれます。そして，授業が終わった後には子どもたちの笑顔が増えたり，クラスの中にこころが通い合っているような一体感が生じたりします。それは，本プログラムの授業が，自分の考えていることや気分をお互いに伝え合うといった内容だからです。ほんの少し自己表現ができるだけでも，子どもたちの人間関係が風通しのよいものになります。そして，体験を通して獲得した「こころのスキル」の数々は，子どもたちがこれから先の人生を健やかに，"しなやかに"，そして自立した個人として生き抜いていく上での確かな力になっていきます。

　授業をおこなうに当たってアドバイスが必要という場合には，認知行動療法教育研究会のホームページ（http://cbt-education.org）を通してお問い合わせ下さい。また，全国の各ブロック（現在，東京，名古屋，大阪，松山の4か所）に，「こころのスキルアップ教育」を実践する有志の教師・スクールカウンセラー・医療関係者で構成する推進委員会を設け，ワークショップを展開しています。そこに参加していただければ，さらに理解が深まります（ワークショップの開催情報などは前述のホームページでご確認下さい）。

＊模擬授業の動画について

　本書の付属DVDに収録されている映像は，神奈川県の公立中学校で2014年5月に実施した模擬授業の様子です。この学校の先生方に本プログラムを紹介したところ，まさに生徒たちに必要なスキルが盛り込まれた内容であると賛同をいただき，全校体制で校内研究として取り組むことになりました。しかし，先生方にとっては初めての取り組みであり，まずは私たち認知行動療法教育研究会メンバーによる模擬授業を希望されたため，1年生のクラスの協力のもと指導案1の授業をおこないました。

　実践に当たり，入学して1か月あまりの1年生であることを考え，授業の進め方を少々変更しました。事例をプリントにして配布し，各自でじっくり読む時間を設けました。これによって，事例の状況の理解は深まったと考えています。さらに，発表の方法も「考え」と「気分」を1枚の紙にまとめて記入することにしました。

　このような授業は子どもたちにとっても馴染みがないため，グループでの話し合いのときに意見を出すことへの戸惑いがあるようです。教科の授業では，質問に対する答えはどちらかと言えば正解が求められますが，この授業では「間違った答えはない」「どのような意見でも受け入れられる」「いろいろな考えを出すことがよい」という点を強調して下さい。発表時にも，グループごとに話し合った内容を尊重し，少しでも多くの考えが出るように，教師がまとめたり整理したりすることは避けて下さい。子どもが，「自分の意見（考え）が受け入れられた」「自分が認められた」と感じることが重要だからです。同時に，この授業を通して先生方が自分の"考え方のクセ"に気づき，困ったときに考えの幅を広げることができるようになれば，子どもや保護者，同僚との関係づくりにもよい効果がもたらされます。

　そして，子どもたちに「先生は多様な考えを受け入れてくれる」ということが伝わることも，その後の子どもとの信頼関係や学校生活にプラスに働きます。

　本書で示した指導案は，ここに述べたような点を大切にしていただいた上で，子どもたちの実態に応じてこの模擬授業のように，適宜工夫を加えていって下さい。

単元1　こころを整理するスキル

■単元1のねらい

　単元1では，「気分や行動はそのときの考えの影響を受けている」ことを学びます。これは，本プログラムの理論的な基礎となる認知行動療法の基本にある考え方です。

　「気分や行動はそのときの考えの影響を受けている」というこころの基本原理を理解することで，自分が置かれた状況や悩みの中身を「できごと」「考え」「気分」に整理することができるようになります。さらに，自分の「考え」を現実に照らし合わせながら客観的に見直し，"しなやか"に判断することができるようになることをめざします。

■プログラム全体における位置づけ

　ここは基本を学ぶために，特に重要な単元です。特に第1時（指導案1）は，本プログラム全体の要となる部分ですので，必ず最初の授業でおこなって下さい。その後，指導案2から指導案4へと順に進んでもよいですし他の単元の授業をおこなってもよいでしょう。

　ここで学んだ「気分や行動はそのときの考えの影響を受けている」というこころの基本原理は，この後の単元でも繰り返し触れることになります。

■単元1の内容構成

　単元1は，4つの指導案で構成されており，「気分や行動はそのときの考えの影響を受けている」ことそして，悩みを解決するときにはその中身を「できごと」「考え」「気分」に整理することについて，繰り返して学んでいきます。

　第1時（指導案1）では，事例を使って具体的に考えていきます。あるできごとのために，登場人物が悲しくなり落ち込んでしまいます。そして，「この悲しみや落ち込みは，どこから出てきたのでしょう」と子どもたちに問いかけながら，「できごと」「考え」「気分」の3つに整理していきます。すると，子どもたちは「悲しみや落ち込みの気分は，そのときの考えの影響を受けて生じたものだ」ということに容易に気がつきます。こうした気づきや発見は，学びを確かなものにします。ここは，子どもたちの気づきを引き出しながら，丁寧に扱って下さい。

　第2時（指導案2, p.70）から第4時（指導案4, p.84）は，クラスの友達や自分の悩みに向き合う授業です。ここでは，できるだけたくさんの「考え」を出し合うことが重要になります。それによって，自分とは違ういろいろな「考え」があることを知ることができ，自分がある「考え」に縛られ，それが「気分」を落ち込ませていたことに気づきやすくなるからです。さらに，自分の「考え」を客観的に見直し，しなやかに判断することで，いろいろな可能性や解決策がみえてくることにも気づくことができます。

　「いろいろな考えを出す」という作業をすることで，子どもたちは知らず知らずのうちに，自分の内面と向き合うことになります。

指導案1　できごと・考え・気分をつかまえる

❖本時の課題
・気分は考えによって影響されることについて，みんなで話し合おう。

❖ねらい
・「できごと」「考え」「気分」を分けることができる。
・「気分」はそのときの「考え」により変わることがわかる。

学習内容と授業の進め方	◆教材・教具，◇留意点
導入　一斉指導（5分） ●自分の今の「気分」を確認する [指示] 今日は，「こころ」について考えていきます。そこで，授業に入る前に，まず，みなさんの今の気分をチェックしてみましょう。 ・フリップ2：ペープサート（気分3兄弟）を掲示しながら，今の気分はどの表情に近いか，挙手させる。 ●本時の課題を知る ・フリップ3：本時の課題を黒板に掲示し，読み上げる。 > 気分は考えによって影響されることについて，みんなで話し合おう ・フリップ4：気分をあらわす言葉の例を黒板に掲示し，気分は一語であらわすことができること，感情をあらわす言葉であることを説明する。 [発問] みなさんは，自分が感じる「気分」がどこからくるか知っていますか。「気分」は，そのときの「考え」から生じるのです。今日のねらいは，「気分はそのときの考え方により変わることを学ぶ」です。これはいったいどういうことなのか，事例を使って，みんなで考えながら学んでいきましょう。	◇4〜6名ずつのグループをつくる。 ◆フリップ1：グループメンバーの役割表を黒板に掲示する。役割は，授業前に決めておく。[注1] ◆フリップ2：ペープサート（気分3兄弟）[注2] ◇「気分」に関心をもたせるようにしたい。 ◆フリップ3：本日の課題 ◆フリップ4：気分をあらわす言葉の例[注3] ◇課題の表現が子どもたちにとって難しいと思われる場合は，「気分はどこから出てくるの？」と変えてもよい。
展開①　一斉指導（10分） ●「できごと」「考え」「気分」に切り分ける ・フリップ5：事例を黒板に掲示し，グループの順にリレー読みをさせる。 > 今日（日曜日），春子さんは，夏子さんと遊びたいと思い，ケータイに電話をした。数回電話をしても出ないし，返信もない。 > 「きっと，秋子さんたちと遊びに行って，私を仲間はずれにしたんだ」と考え，悲しくなった。 > 「私が，何か夏子さんに悪いことをしたのかな」，「何か大変なことが夏子さんに起きたのかな」などといろいろ考え，落ち込んでしまった。 > やらなければならない宿題も手につかなかった。 [指示] この事例を，実際に起きたこと（できごと）と，春子さんが思い込んだこと（考え），その結果起きた気分と行動，からだの変化に分けてみましょう。	◆フリップ5：事例（全体） ◇事例の内容はクラスの実態に応じて変えてもよい。[注4] ◇全員が参加できるように，グループごとにリレー読みをさせる。[注5]

展開①一斉指導（10分）	〈説明〉「できごと」「考え」「気分・行動・からだ」の定義 ・できごと：実際に起きたこと。具体的な事実。 ・考え：頭の中で考えたことや思ったこと、イメージしたこと。 ・気分：そのときの気分や感情で、通常１つの言葉で表現できる。 ・フリップ6およびフリップ7を使い、事例を、「できごと」「考え」「気分・行動・からだ」に分けて提示する。 	できごと	今日（日曜日）、春子さんは、夏子さんと遊びたいと思い、ケータイに電話をした。数回電話をしても出ないし、返信もない
考え	「きっと、秋子さんたちと遊びに行って、私を仲間はずれにしたんだ」と考え 「私が、何か夏子さんに悪いことをしたのかな」、「何か大変なことが夏子さんに起きたのかな」などといろいろ考え
気分 行動 からだ	悲しくなった。 落ち込んでしまった。 やらなければならない宿題も手につかなかった。	 ●「気分」とそのときの「考え」の関係に気づく 発問 春子さんはどうして悲しくなったのでしょうか。 （予想される反応） ・「仲間はずれにされたと思ったから」 ・「何か悪いことをしたんじゃないかと思ったから」 〈説明〉「気分」はそのときの「考え」に影響される ・フリップ8：こころの動き図を黒板に掲示する。 ・私たちの「気分」はある「できごと」に直面した際、そこからどのような「考え」が浮かんだかによって影響される。 ・したがって、同じ「できごと」であっても、それをどう「考え」るかによって、「気分」は違ってくる。 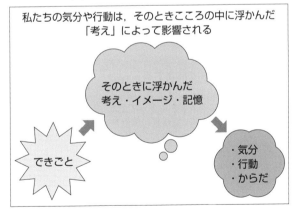	◆フリップ6：できごと、考え、気分・行動・からだ ◆フリップ7：事例（できごと、考え、気分・行動・からだ） ◇できごと、考え、気分・行動・からだに分類することによって、自分のこころを客観的に理解することができるということに気づかせたい。 ◆フリップ8：こころの動き図 ◇こころの動き図はできるだけ大きく印刷する。 ◇「気分」は、「できごと」から生まれるのではなく、それをどうとらえるか（「考え」）によって生じることに気づかせたい。

第5章　こころのスキルアップ教育プログラム

| 展開② グループワーク（15分） | 【発問】夏子さんが電話に出なかったのは，春子さんが考えた通り「仲間はずれにしよう」と思ったからでしょうか。他の考え方はできないか，グループで話し合ってみましょう。できるだけたくさんの可能性を検討してみて，それぞれの「考え」のときには，「気分・行動・からだ」はどのように変化するか予想してみましょう。
・ふせん（水色，ピンク色），マジックペンなどの筆記用具を準備する。
・記録係は，「考え」は水色のふせんに，「気分」はピンク色のふせんに，話し合いで出てきた意見を記入する。 | ◇事前に決めたメンバー役割に沿ってグループワークをする。
◇できごとに対していろいろな見方ができるような発問をこころがける。注6
◆ふせん（水色，ピンク色），筆記用具
◇机間指導をおこないながら活動内容を深めていく。注7 |

| 発表 全体交流（10分） | ●グループごとに発表する
【指示】各グループで話し合ったことを発表して下さい。
・発表係は，前に出て，黒板に掲示されているこころの動き図に，グループで話し合った「考え」と「気分・行動・からだ」を記入したふせんを貼り付け，発表する。
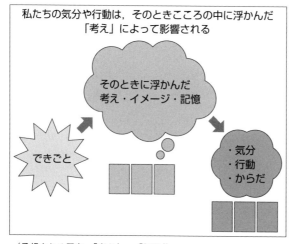
（予想される反応，「考え」→「気分」）
・家族で出かけていた → 安心する
・携帯電話を忘れて出かけた → 仕方ない
・用事があって忙しかった（病人，手伝い）→ 相手への気づかい

●「気分はそのときの考えによって変わる」を確認する
【指示】考えが変わると，気分が楽になりましたね。できごと（事実）は1つしかありませんが，それをどのように考えるかによって「気分」が変わることがわかりました。では，もう一度今日の課題をみんなで読んでみましょう。 | ◇図のように水色とピンク色のふせんが，できるだけ対になるように貼ると，「考え」と「気分・行動・からだ」の関係が理解しやすい。注8

◇授業の冒頭には釈然としていなかった課題の意味が，活動を通して理解できるような流れにするとよい。注9 |

| ふり返り 個人活動（5分） | ●本時で学んだことの感想を書く
・ふり返りシートを配布し，記入させる。 | ◆配布物：ふり返りシート
◇数名を指名して発表させる。注10 |

✷ 指導案1の手引き ✷

■ この授業の目的

　単元1では，自分を客観的に見つめ，ものごとを柔軟に考えて，問題に対処したり解決したりする力を身につけることを全体の目標にしています。指導案1は，事例を使って「気分はそのときの考えにより変わることを学ぶ」時間です。

　私たちは，同じようなできごとに出会っても，そのときの気分や行動が違っているということがよくあります。それは，そのできごとに対する私たちの考え方や受け取り方が違うからです。私たちの「気分」や「行動」は，そのときの「考え」の影響を受けるのです。

　授業では，事例を「できごと（事実）」「考え」「気分」に整理し，自分のこころの中で何が起きているのかを見つめます。そして，「考え」の見直しをしていきます。それによって，同じできごとでも人によっていろいろな考え方をすることを知り，「考え」が変わることで「気分」が楽になることを実感させることをねらいとしています。

　こころがつらくなっているときには，「考え」と「気分」と「行動」の悪循環が起きています。そのようなときには，1つの考えをもとに決めつけることは避け，現実に照らし合わせながら，しなやかに判断することが大切です。「しなやか」というのは，1つの考えに凝り固まらないで，情報をたくさん集めて判断するということです。情報を集めれば，いろいろな可能性や解決策がみえてきます。

　ここで注意していただきたいのは，ただ単にマイナス思考をプラス思考に変えるというわけではないということです。例えば，コップに水が半分入っているときに，「水が半分しか入っていない」と考えると不安になって焦ってくるが，「水が半分も入っている」と考えれば気分が楽になる，ということがよく言われます。今私たちが水が必要なときに簡単に手に入れることができる街の中で生活をしている場合には，「水が半分も入っている」と考えてよいでしょう。しかし，山奥や砂漠など必要なときにすぐに水が手に入らないような場所にいるときに，「水が半分も入っている」と考えて全部飲んでしまうと，後で大変な思いをすることになります。

　自分の考えが役に立つかどうかは，常に自分が置かれている現実の状況の中で判断しなければなりません。つまり，現実をみながらしなやかに自分の考えを見直していくことが重要なのです。

■ 授業の流れと指導上の注意点

＜導入＞　一斉指導（5分）

　導入では，本プログラム全体を通して重要な鍵を握る「気分」について，子どもに興味をもたせることに重点を置きます。

注1　4～6人ぐらいずつでグループをつくります。グループのメンバーそれぞれの役割は，【司会】：議事進行，【記録係】：発表用メモ用紙に記録，【発表係】：メモ用紙を貼り付け，発表，【発表・時計係】：話し合いの時間をはかる，【道具係】：メモ用紙・マジックの用意，です。メンバー全員が何らかの役割を受けもつように工夫します。

注2 ペープサート（気分3兄弟）を使って，子どもたちに今の「気分」について尋ねながら，「気分」に対する興味や関心を引き立てていくほか，本時の課題への意識づけをしていきます。また，授業終了時にも「気分3兄弟」を使って子どもの気分を確認することで，授業の反応をみることができます。

ペープサート（気分3兄弟）
笑顔　　普通顔　　渋顔

＊顔は厚紙でつくり，裏に割り箸などを貼り付けるなどして，持ち手をつくります。

注3 フリップ4:「気分をあらわす言葉の例」を掲示し，気分は一語であらわすことができること，そして気分（感情）をあらわす言葉であることを押さえます。これ以外にも気分をあらわす言葉はたくさんありますので，適宜追加して下さい。

気分をあらわす言葉の例
楽しい，うれしい，安心する，おもしろい，わくわくする，憂うつ，不安，怒り，恥ずかしい，悲しい，困った，興奮，いらだち，心配，パニック，不安，あせり，うんざり，怖い，腹が立つ，ハラハラ，イライラ，ムカつく　…など

＜展開①＞　一斉指導（10分）

　事例を示し，「できごと」「考え」「気分・行動・からだ」の3つに分類していきます。「できごと」は実際に起きたこと，具体的な事実，「考え」はこころの中で考えたことや思ったこと，イメージしたことです。「気分」はそのときの気分や感情で，通常1つの言葉で表現できます。

　事例文を3つに分けることで，「気分」が「できごと」によって生まれたのではなく，「できごと」をどのように考えたのかによって生じたということがわかりやすくなります。この場合，悲しくなったり，落ち込んだりしたのは「私を仲間はずれにしたんだ」，あるいは「何か夏子さんに悪いことをしたのかな」と考えたからという点が理解できるようにします。

　「行動・からだ」については，本来はそれぞれを分けて考えるべきものですが，「考え」によって変化するものとして「気分・行動・からだ」をセットにしてあります。

注4 事例は，中学生以上を想定したものです。小学生の場合は，次の事例を使ってもよいでしょう。また，事例の登場人物の名前は，適宜変更して下さい。

> 事例（小学生用）
> 　今日，席替えをしました。あつ子さんは，初めてさとしさんととなりどうしになりました。だから，さとしさんがどんな人なのかまだよく分かりません。それなのに，さとしさんは，「消しゴム，貸して」とか「かわいい下じきだね，ちょっとみせて」とかいろいろ言ってきました。大切にしている色鉛筆まで「貸して」と言われて，貸しました。あつ子さんは，さとしさんのことを「ずうずうしい人だ」と思い，少し腹が立ってきました。次の席替えまでずっと，自分が大切にしているものまでいろいろ貸さなければならないのかと思うと，ゆううつになりました。

　事例は，ふだんの指導の中で起こりがちなできごとをもとに作成しても構いません。そのときには，以下の点に留意すると授業をおこないやすくなります。

・あまり深刻な葛藤場面にしない
　　事例の内容そのものを指導することが目的ではありません。「気分はそのときの考えの影響を受けている」が学べることがより重要です。
・できごと，考え，気分・行動・からだの3つがこの順に展開され，それぞれの区別が明確
　　頭の中に浮かんでいることを3つに分類することを学ぶので，分類しやすいようにあらかじめ文章を調整しておきましょう。

注5 「グループのリレー読み」とは，グループ1からグループ2，グループ3…と，順に一文ずつ読み進めていく方法です。これは，活動場面を増やす工夫の1つです。

＜展開②＞　グループワーク（15分）
　「携帯電話にかけても反応がなかった」という事実に対して，他のとらえ方，考え方ができないかをできるだけ数多く検討していきます。この活動を通して，「できごと」をどのようにとらえるかによって，「気分」が変化することを実感できます。できるだけ広い視野で，「できごと」をとらえることが大切であることを理解できるようにします。

注6 子どもたちに質問する際は，「友人として，春子さんに，他の考え方があるということをどのように伝えますか」「自分が春子さんの立場だったら，どう思いますか」と問いかけてみるとよいでしょう。自分の考えを見直すことは難しいものですが，他人のことについては比較的考えやすいからです。

　また，この事例の場合に「春子さんは，夏子さんから嫌われている可能性がある」という意見が出てくることがあります。その可能性は否定できません。けれどもここで問題なのは，春子さんは何も確認しないまま，自分が夏子さんに「嫌われたんだ」と思い込んで落ち込んでしまっている点です。夏子さんが春子さんを嫌っているかどうかは，確認してみなければわからないのです。まだ根拠もない時点で，思い込みによってこころがつらくなってしまう負のスパイラルから自分自身の力で抜け出すためにも，現実に照らし合わせながら，ものごとを広い視野から考え，しなやかに判断するクセをつけることが大切です。この単元では，そのための練習をしているのです。

注7 机間巡視の際に,「行動」や「からだの反応」についても問いかけ,検討させてみましょう。理解が不十分であれば,グループの中に入って助言します。

「行動」…「考え」が浮かんだとき,自分はどういう行動をとったか。

「からだの反応」…「考え」が浮かんだとき,自分のからだはどのような反応をしたか。

(例) 先生に怒られると思ったら(考え),不安になって(気分・感情),自分の席で下を向いて座っていた(行動)。掌が汗でじっとりしてきた(からだの反応)。

<発表> 全体交流(10分)

話し合った結果をグループごとに発表していきます。発表係は,黒板に掲示されたこころの動き図に,グループワークで出された意見を記入したふせんを貼り付け,発表します。

注8 各グループの「見直した考え」を全部掲示することで,いろいろな考え方ができるということを視覚からも訴えることができます。その際に,「考え」と「気分」が対になっていることがわかるようにふせんを貼り付けるようにすると,「考え」によっていろいろな「気分」が生じることが視覚的にも理解しやすくなります。

注9 1つの「考え」に縛られないことの大切さを実感させたいところです。「できごと」は1つしかないけれど,それをどのようにとらえるかは人によって違うこと,そして,とらえ方が変わると「気分」や「行動」も変わるということが納得できるように,活動をふり返ります。

<ふり返り> 個人活動(5分)

「ふり返りシート」を配布し,今日の授業をふり返りながら感想を書かせます。

注10 感想で,本時のまとめに近いことを書いている子ども,あるいは「ものごとを広い視野からとらえることの有効性」に触れている子どもがいたら発表させる。

■ 教材・教具

掲示物,配布物のデータは,付属のDVDに収録されているので,適当な大きさでプリントアウトしてご利用下さい。

<掲示物>

フリップ1:グループメンバーの役割表(A3),フリップ2:ペープサート(気分3兄弟)(各A4),フリップ3:本時の課題(A3),フリップ4:気分をあらわす言葉の例(A3),フリップ5:事例(全体)(A3),フリップ6:できごと,考え,気分・行動・からだ(各A4),フリップ7:事例(できごと,考え,気分・行動・からだ)(各A3),フリップ8:こころの動き図(A3)

<配布物>

ふり返りシート(A4)

<教具>

ふせん(水色,ピンク色),筆記用具(マジックペン・ネームペン等)

今日のふり返り

年　　組　　名前（　　　　　　　　）

■各質問の答えを○で囲んで下さい。

1. 今日の授業には楽しく参加できましたか？

　　　とても楽しかった　　楽しかった　　あまり楽しくなかった　　楽しくなかった

2. 「気分（悲しい・うれしい・不安など）は，そのとき自分が考えていることに影響される」ということは理解できましたか？

　　　よく理解できた　　理解できた　　あまり理解できなかった　　理解できなかった

3. 悩んでいるとき，「できごと」「考え」「気分」に分けることが大事だということは理解できましたか？

　　　よく理解できた　　理解できた　　あまり理解できなかった　　理解できなかった

4. 今日の授業は難しかったですか？

　　　難しくはなかった　　あまり難しくはなかった　　難しかった　　とても難しかった

5. このような"こころの力を育てる授業"は，自分の役に立つと思いましたか？

　　　とても役に立つ　　役に立つ　　あまり役に立たない　　役に立たない

6. このような「こころのスキルアップ教育」の授業をこれからも受けたいですか？

　　　とても受けたい　　受けたい　　あまり受けたくない　　受けたくない

7. 今日の授業を受けて思ったことを何でも書いて下さい。

指導案2　友達の悩みを整理する①

❖本時の課題
・友達の悩みを「できごと」「考え」「気分」に整理して，他の考えができないかみんなで話し合おう。

❖ねらい
・「できごと」「考え」「気分」に分ける方法を身につける。
・しなやかな考え方を身につける。

学習内容と授業の進め方	◆教材・教具，◇留意点
導入　一斉指導（7分） ●前回の授業をふり返る 発問　前回の授業では，「気分」はそのときの何によって変わるということを学んだでしょうか。 〈説明〉前時の復習 ・「気分」はそのときの「考え」によって変わる。 ・「できごと」が「気分」を生じさせているのではなく，その「できごと」をどのようにとらえたか，「考え」たかによって「気分・行動・からだ」が影響を受けること。 ・フリップ1：こころの動き図を黒板に掲示する。 私たちの気分や行動は，そのときこころの中に浮かんだ「考え」によって影響される できごと → そのときに浮かんだ考え・イメージ・記憶 → ・気分　・行動　・からだ ●本時の課題を知る ・フリップ2：本時の課題を黒板に掲示し，読み上げる。 友達の悩みを「できごと」「考え」「気分」に整理して，他の考えができないかみんなで話し合おう 指示　今日は，友達の悩みについて，前回のように「できごと」「考え」「気分」に整理して，他の考えや可能性はないかみんなで考えていきます。ここで取り上げる悩みは，みなさんから出してもらった，困っていること，悩んでいることの中から1つ選んだものです。	◆フリップ1：こころの動き図 ◆フリップ2：本時の課題

展開① グループワーク（10分）	●友達の悩み（事例）の内容を把握し，整理する	◇事前に，「気分が落ち込んだできごとについて」（公開可のもの）というテーマで文章を書いて提出させ，その中から1例だけ選んでおく。注1

●友達の悩み（事例）の内容を把握し，整理する

(指示) 事例を黒板に書いていきます。この内容は，クラスのみんなで考えてもらってもよいと本人から許可を得たものです。こころのスキルアップの勉強のために，公開を許可してくれた友達のためにも，悩みを馬鹿にしたり，茶化したりせずに，誠実に取り組んでほしいと思います。

・黒板に事例を書いて，読み上げる。

(指示) では，まずこの事例をできごとワークシート1を使って，「できごと」「考え」「気分・行動・からだ」に分けてみましょう。

・フリップ4：できごとワークシート1を黒板に掲示し，各グループにも配布する。

◆フリップ3：グループメンバーの役割表

◆フリップ4：できごとワークシート1

■できごとワークシート1

① できごと	
② 考え	
③ 気分 行動 からだ	
④ グループメンバーの考え	

・グループで話し合い，記録係はできごとワークシート1に記入する。

(指示) 事例をどのように整理したか確認します。

・各グループの発表係を指名し，「できごと」「考え」「気分・行動・からだ」の内容を確認していく。
・できごとワークシート1の①～③までを完成させる。

◇「考え」が出にくい場合には，効果的な発問をするとよい。注2

●友達の悩み（事例）について，「考え」の見直しをする

(指示) 今，友達はできごとワークシートの②のように「考え」，③のような「気分」になってしまっています。前回の授業で，「考え」を見直すことで，「気分」が変わることを学びました。この事例において，他の考えはできないか，グループで話し合ってアドバイスをしてみましょう。

・ふせん（水色，ピンク色）と筆記用具を準備する。
・グループで話し合い，記録係は，「考え」は水色のふせんに，「気分」はピンク色のふせんに，出てきた意見を記入する。

◇ここでは「考え」の見直しにこだわらず，「行動」を含めたアドバイスで構わない。注3

◆ふせん（水色・ピンク色）
◆筆記用具（マジックペン等）
◇文字はできるだけ大きく書く。

第5章　こころのスキルアップ教育プログラム　71

全体交流 発表 （10分）	●グループごとに発表する 指示 各グループで話し合ったことを発表して下さい。 ・発表係は，黒板の前に出て，できごとワークシート1の「④グループメンバーの考え」の欄に，グループで話し合った「考え」と「気分・行動・からだ」を記入したふせんを貼り付け，発表する。 ・すべてのグループの発表後，それぞれの内容について評価する。	◇1つのできごとに対して，いろいろな見方や考え方があることに気づかせる。 ◇悩みを解決するための具体的な方法（行動の起こし方）が提案された際には，行動面のアドバイスが出てきたことを評価する。
個人活動 ふり返り （8分）	●本時で学んだことの感想を書く ・ふり返りシートを配布し，記入させる。 ●次回の準備をする 指示 次回は，クラス全員の悩みについて，いろいろな「考え」を探します。その準備として，自分の悩みや困っていること（あるいは困った経験）をできごとワークシート2に記入しましょう。 ・できごとワークシート2を配布し，「今，悩んでいること」の欄に記入させる。 ■できごとワークシート2 今，悩んでいること ① できごと ② 考え ③ 気分・行動・からだ ④ グループメンバーの考え ⑤ 見直した自分の考え	◆配布物1：ふり返りシート ◆配布物2：できごとワークシート2 ◇記入が時間内に終わらない場合は，宿題にして取り組ませてもよい。次回の授業の前までに提出させ，必ず教師が目を通しておくこと。注4

✷ 指導案2の手引き ✷

■ この授業の目的

　単元1の第2時の授業です。本時は，第1時で学んだことを活用して，友達の困っていることや悩みについて，様々な見方やアドバイスをみんなで考える授業です。同時に，「できごと」「考え」「気分・行動・からだ」に分ける方法も学んでいきます。

　「できごと」「考え」「気分・行動・からだ」に分けることによって，自分を客観的に見つめることができ，こころの整理がしやすくなります。つまり，感情的な自分からちょっと距離をとることができるようになります。また，「行動」を起こすことで「気分」が変わる，ということもよくあります。悩みや問題について，いろいろな対処の方法を考えることを通して，「考えの見直し」をします。ここでも，「しなやかな考え」が「気分」を楽にすることを子どもたちに実感させることを，ねらいとします。

　授業に先立って事前に，クラスの全員にそれぞれの抱える悩み，困ったことに関する文章を書かせ，その中から今回の授業では1人のものを取り上げ，それについて全員で取り組みます。

　ここで，単元1の構造を少し説明します。第1時（指導案1，p.62）では，事例を使って「気分はそのときの考え方により変わる」という原理を学びました。これは，「こころのスキルアップ教育」の根幹とも言えるもっとも重要な原理です。単元1は，4回の授業を通じて一貫して反復学習することで，この原理の理解を深め定着させることをねらいとしています。最終的には，「気分はそのときの考えにより変わる」という原理への理解をもとに，自分の悩みに対して，自分自身の力で向き合い，乗り越えていくスキルを獲得できるようにするのが理想です。そのため，第4時（指導案4，p84）の内容は，自分自身の悩みに向き合う活動になっています。

　一方で，思春期の子どもたちにとって，いきなり自分自身の悩みに対峙するというのは抵抗感が高いものと思われます。自分に悩みがあること自体，認めるのがなかなか難しいことかもしれません。そのため，本プログラムでは，第1時，第2時，第3時（指導案3，p78）と段階を踏みながら，悩みの内容を自身自身のものに少しずつ近づけていく構成にすることで，抵抗感を減らすという方法をとりました。

　まずは，事例を使って原理を学び，次にその原理を使ってクラスの代表者1名の悩みを取り上げてそれについてみんなで取り組み，さらには自分も含めたクラス全員の悩みそれぞれに対して，クラスの仲間がアドバイスを考えます。このように，授業で扱う内容を段階的に心理的抵抗感の強いものにしていきます。そして，単元の締めくくりとして第4時には，自分の悩みを自分で見つめるということに取り組みます。つまり本時は，第4時へとつながる一連のステップの第1段階ということです。

■ 授業の流れと指導上の注意点

＜導入＞　一斉指導（7分）

　前時のふり返りをおこないます。「気分はそのときの考えによって変わる」という，前時のもっ

とも重要なポイントについて確認するようにします。そして，今回はクラスの仲間の悩みを題材にして，悩みを「できごと」「考え」「気分」に整理する練習をし，さらに，「考え」を見直すことで「気分」が変わるという，前回の授業で学んだ内容への理解を深めていくことを伝えます。

<展開> グループワーク（20分）

　グループワークを通して，本時の課題に迫っていきます。展開は前後半に分けることができます。前半は悩みを「できごと」「考え」「気分・行動・からだ」に分ける活動をおこないます。そして，後半はつらい「気分」にさせている「考え」に着目し，他の考えや行動ができないかを話し合います。この前後半の活動が，そのまま本時の課題になります。

注1　授業をおこなう数日前に，子どもたちに「気分が落ち込んだできごと」というテーマで文章を書かせ，提出させます。その際，「クラスで公開してもよいことだけを書く」よう伝えます。それでも，どのような切り口で自分の悩みを書けばよいのか迷う子どももいるはずです。机間指導などを通した声かけとして，日常生活の様々な場面を想起させるとよいでしょう。
　それから，「悩んでいること」は困っていることだけではありません。「自分の生活をよりよくするために，解決に向けて取り組むべきだと思う課題」なども含めて考えさせるようにします。
（例）登校中，朝学校に着いてから，授業中，教科のこと，先生とのやり取り，クラスの仲間同士のやり取り，給食，掃除，放課後の部活動，帰り道，塾，家での生活，など

　その中から，授業で事例として取り上げるものを1つ選びます。その際，個人が特定できるような内容になっていないことを十分確認しておく必要があります。また，事前に目を通して「できごと」「考え」「気分・行動・からだ」がつかまえやすい文章表現になっているかどうかを確認し，必要があれば本人の同意を得て修正しておきます。
　悩みを紹介する際には，事例を提供してくれた子どもに対しての最大の配慮を示し，クラス全体に対してもこころない中傷や茶化すような言動は慎むように指導しておく必要があります。また，「できごとワークシート1」を配布する際，悩みを打ち明けた子どもたちへ感謝と敬意の気持ちを言葉にして伝えましょう。

注2　「②考え」が出にくい場合には，「③気分・行動・からだ」を先に出し，「その気分になった理由としてどのようなものが考えられるか」あるいは，「その気分になったときどのようなことを考えたのか」と，切り返しの発問をするとよいでしょう。ここは，丁寧に扱って下さい。

注3　「考えの見直し」の活動で，子どもたちが別の「考え」を見つけることだけにこだわっているような場合には，「考えにこだわらなくても，友達の悩みが少しでも軽くなるような方法はないかを考えてみよう」などの助言をしてもよいでしょう。悩みを解決する方法は，その子をつらい「気分」にさせている「考え」を見直すことだけではありません。問題解決につながるような具体的な「行動」を提案することも，悩んでいる人にとっては貴重なアドバイスと言えます。

<発表> 全体交流（10分）

　話し合った結果をグループごとに発表します。発表係は前に出て，黒板に掲示されている「で

きごとワークシート1」の「④グループメンバーの考え」の欄に，話し合いで出された意見を記入したふせんを貼り付け，発表します。

　各グループの発表が終わったところで，必ず発表内容に対して評価するようにします。評価の観点は2つです。1つ目は，ものごとの見方を変えると気分が変わる可能性があるということです。2つ目は，他の見方をアドバイスするだけではなく，悩みを解決するための具体的な方法をアドバイスしてもよいということです。

<ふり返り>　個人活動（8分）

　「ふり返りシート」を配布し，今日の授業をふり返りながら感想を書かせます。さらに，次回の授業の準備をおこないます。時間配分が難しいことも考えられるので，次回に向けての準備は，隙間時間などを使って臨機応変に対応して下さい。

注4 自分の悩みや困っていること，あるいは最近のできごとをふり返って，悩んだり困ったりしたことはないかを考えさせます。「できごとワークシート2」の「今，悩んでいること」の欄に記入させます。思春期の子どもにとって，自分の悩みを書き出すということには抵抗感があることも考えられます。なかなか書けない子どもには無理強いしないように配慮が必要です。また，悩みや困ったことを書かせる際には，「クラスで公開してもよいことだけを書くように」と指示しておきます。

■ 教材・教具

　掲示物，配布物のデータは，付属のDVDに収録されているので，適当な大きさでプリントアウトしてご利用下さい。

<掲示物>
フリップ1：こころの動き図（A3），フリップ2：本時の課題（A3），フリップ3：グループメンバーの役割表（A3），フリップ4：できごとワークシート1（A3）

<配布物>
ふり返りシート（A4），できごとワークシート2（A4）

<教具>
ふせん（水色，ピンク色），筆記用具（マジックペン・ネームペン等）

できごとワークシート1

①	できごと	
②	考え	
③	気分 行動 からだ	
④	グループメンバーの考え	

できごとワークシート2

今，悩んでいること	何があったか具体的に。いつ，どこで，だれが（だれと），何をして（何をされて），自分はどんな気持ちになったのか記入しよう（理由も書けるとよい）。

①	できごと	いつ，どこで，だれが（だれと），何をした（何をされた）のかを具体的に書こう。
②	考え	①のできごとが起きたときに，こころの中でどんなことを考えましたか。通常，考えの内容は文章のようになります。
③	気分 行動 からだ	②の考えのときに，どんな気分になりましたか。気分は1語であらわされる言葉です。 また，そのとき何か特徴のある行動をとりましたか。からだは，何か特別な反応をしましたか。 気分，行動，からだはお互いに影響し合っています。 気分 行動 からだ
④	グループメンバーの考え	②に対して，他の可能性や考え方がないかを考え，アドバイスをしてみよう。
⑤	見直した自分の考え	④の仲間からの意見や考えをみて，納得できる部分はありますか。あるいは，自分だったらどんなアドバイスをしてあげますか。

指導案3　友達の悩みを整理する②

❖本時の課題
・友達の悩みを「できごと」「考え」「気分」に整理して，解決する方法を考えよう。

❖ねらい
・悩みを「できごと」「考え」「気分」に整理する方法を理解し，考えや行動のとり方を見直すことで解決しやすくなることを知る。

学習内容と授業の進め方	◆教材・教具，◇留意点
導入　一斉指導（5分）　●**前回の授業をふり返る** ・フリップ1：こころの動き図を黒板に掲示する。 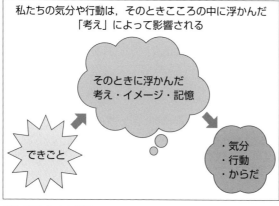 〈説明〉前時までの復習 ・「できごと」「考え」「気分・行動・からだ」の関係を確認する。 ・悩みを解決するためには，まず悩んでいることを「できごと」「考え」「気分・行動・からだ」に整理することが有効であること。 ・つらい気分のときには，つらい気分にさせるような考え方をしていることが多いので，そのような考え方に対して他の見方ができないか検討することも有効な手立てであること。 ・さらに，解決につながるような「行動」を検討することも有効であること。 ●**本時の課題を知る** ・フリップ2：本時の課題を黒板に掲示し，読み上げる。 友達の悩みを「できごと」「考え」「気分」に整理して，解決する方法を考えよう 指示　今日は，前回の授業の後にみなさんから出してもらった困っていること，悩んでいることについて，前回のように「できごと」「考え」「気分」に整理して，他の「考え」はできないか，よい行動の起こし方はないか，みんなで考えていきましょう。	◆フリップ1：こころの動き図 ◇教師が説明するのではなく，前時までのポイントについて発問し，子どもに答えさせてもよい。注1 ◆フリップ2：本時の課題

| 展開① | グループワーク（10分） |

●友達の悩み（事例）の内容を把握し，整理する

[指示] 今から，自分の悩みや困っていることを書いてもらった「できごとワークシート2」を配ります。

今回は，全員の事例を使います。「こころのスキルアップ」の勉強のために，公開を許可してくれた友達のためにも，悩みを馬鹿にしたり，茶化したりせずに，誠実に取り組んで下さい。

グループになって役割分担をし，道具係は「できごとワークシート2」を取りに来て下さい。

・各グループに，記入済みのできごとワークシート2を配布する。

■できごとワークシート2

今，悩んでいること 前回までに記入済み

①	できごと	
②	考え	
③	気分 行動 からだ	
④	グループメンバーの考え	
⑤	見直した自分の考え	

◆フリップ3：グループメンバーの役割表

◆配布物1：できごとワークシート2（前回記入済みのもの）
◇前時に扱わなかった子どものものを全て，各グループに均等に配布する。[注2]

第5章　こころのスキルアップ教育プログラム

展開② グループワーク（15分）	指示 まずは，それぞれの悩みの内容を，「できごと」「考え」「気分・行動・からだ」に整理しましょう。ほぼ1人1枚分はあるので，それぞれ自分が受け取った事例について整理します。 　終わったら，隣の人に回していきます。回されたものをみて，整理の仕方が正しくできているかを，メンバー同士で確認しましょう。 ・できごとワークシート2の①〜③までを完成させる。	◇時間配分に配慮する。 ◇悩みの文の中に，「考え」や「気分・行動・からだの反応」が書き込まれていないこともある。そのような場合は，悩みの文の内容から自分で想像して，補完して書き込むようにさせる。
	●友達の悩み（事例）について，「考え」の見直しをする 指示 今，友達はできごとワークシート2の②のように「考え」ることで，③のような「気分」になったり，「行動」をとったり，「からだ」の反応が出てしまったりしています。 　これまでの授業で，「考え」を見直すことで，「気分」が変わることを学んできました。 　それぞれの事例について，他の考えはできないかグループで話し合って意見や考えを出し合ってみましょう。 ・グループで話し合い，記録係は，できごとワークシート2の「④グループメンバーの考え」の欄に，話し合いで出された「他の考え方」や「問題の解決に近づくような行動」を記入する。	◇ここでは「考え」の見直しにこだわらず，「行動」を含めたアドバイスで構わない。注3
全体交流 発表（10分）	●グループごとに発表する 指示 各グループで話し合ったことを発表して下さい。 ・各グループは，担当した悩みの中から，発表したいものを1〜2例選び，発表係が発表する。 ・その際，メンバーからいろいろな「考え」が出てよかったもの，話し合いの際にメンバーの考えが一致したもの，逆にそれぞれのメンバーの意見が両極端だったもの，という観点で選ぶ。	◇配当時間に応じて，発表は各グループ1〜2例に絞る。注4
個人活動 ふり返り（5分）	●本時で学んだことの感想を書く ・できごとワークシートを使って，悩みに取り組むことのよさについて，意見を発表させる。 ・ふり返りシートを配布し，記入させる。 ・次回は，自分が悩んでいること，困っていることについて，自分だけで解決方法を考えることを伝える。	◇数名を指名し，発表させる。 ◆配布物2：ふり返りシート

✱ 指導案3の手引き ✱

■ この授業の目的

　本時は，前時に続いて友達の悩みや困っていることについて，クラスのみんなでいろいろな「考え」を出し合う授業です。前回は，クラスの代表者1名の事例について全員で検討しましたが，今回はクラスの全員がそれぞれの悩みや困っていることなどを事例として提供し，それを全員で検討します。とはいえ，一つひとつの事例を全員で検討する時間はありませんので，グループごとにメンバーの人数分の事例を分担し，グループ単位でそれぞれ割り当てられた事例について検討するという形式で授業を進めます。

　本時のねらいは，「悩みを『できごと』『考え』『気分』に整理する方法を理解し，考えや行動のとり方を見直すことで解決しやすくなることを知る」としています。「しなやかな考え方」ができるようになると，気分が楽になるということを子どもたちに実感させます。

　授業に先立って事前に，クラスの全員にそれぞれ自分が困っていることや悩んでいることについて，前時に配布した「できごとワークシート2」に記入させ，提出させておく必要があります。第1時から第4時に向けて，検討する事例の内容が少しずつ子どもたち個人個人の問題に近づいていくようにします。第1時は教師が準備した事例，第2時は友達が出した事例，第3時は友達が出した事例だけではなく，自分の悩みも事例として提供し，そして次回の第4時には自分が困っていることについて自分自身で悩みを整理し，いろいろな考え方ができるように取り組みます。

　このように，段階を踏みながら自分の悩みに向き合っていくという構成にしたことで，思春期の子どもたちの心理的な抵抗感が軽くなるようにしました。

■ 授業の流れと指導上の注意点

<導入>　一斉指導（5分）

　前時までの内容を簡単にふり返り，展開に入ります。その際，これまでの授業で繰り返し使っている「こころの動き図」を用いるようにします。大切なポイントは，「できごと」が「気分」を生じさせるのではなく，その「できごと」をどのようにとらえたか（「考え」）によって，「気分」が影響を受けるという点です。

　前時には，悩みを解決するためには，悩みの内容を「できごと」「考え」「気分・行動・からだ」の3つに整理するとよいことを学びました。悩みをこのように整理するだけでも，つらい「気分」がやわらぎます。

　さらに，悩みを解決するためには，その人をつらい「気分」にさせている悲観的な「考え」に対して，他の見方はできないか検討することが役に立ちます。また，その人が悩んでいることを解決するために，どのような「行動」を起こしたらよいかを具体的に考えることも大切です。

　注1 これらの内容については前時までに学習しているので，それぞれのポイントについて質問を投げかけ，子どもに答えさせながらふり返るようにします。

＜展開＞　グループワーク（25分）

　前時と同様に，グループワークを通して本時の課題に迫っていきます。展開は前後半に分けることができます。前半は，悩みを「できごと」「考え」「気分・行動・からだ」に分ける活動をおこないます。そして後半では，つらい「気分」にさせている「考え」に着目し，他の考えや行動ができないかを話し合います。

　グループワークは全体で25分なので，発表数によって時間配分を考慮する必要があります。
　注2 例えば40人学級の場合，前時で1人の悩みを扱ったので，本時はその残り39人分の悩みに取り組みます。これを各グループで均等に分担させます。

　グループが6つあるとすると，1グループ当たり39÷6＝6〜7人分となります。足りない場合は，何人かのできごとワークシートをコピーして対応して下さい（同じグループにコピーを配らないように注意します）。

　前時の終わりに記入させた「できごとワークシート2」の中に，十分な情報が書かれているかどうか事前にチェックしておく必要があります（考えや気分が抜け落ちていることがあります）。その際，前時と同様，個人が特定されないように十分注意して下さい。子どもたちから提出された文章の内容が，授業で検討するには不十分である場合には，教師が用意した事例を混ぜて配布するなど工夫して下さい。

　これも前回と同様ですが，できごとワークシートを配布する際は，悩みを打ち明けた子どもたちへ感謝と敬意の気持ちを言葉にして伝えましょう。また，悩みを紹介する際には，事例を提供してくれた子どもに対しての最大の配慮を示し，クラス全体に対してもこころない中傷や茶化すような言動は慎むように指導しておきます。

　注3 ここも前回と同様，「考えの見直し」の活動で，子どもたちが別の「考え」を見つけることだけにこだわっているような場合には，「考えにこだわらなくても，友達の悩みが少しでも軽くなるような方法はないかを考えてみよう」などの助言をしてもよいでしょう。

　なぜなら，悩みを解決する方法は，その子をつらい気分にさせている「考え」を見直すことだけではないからです。問題解決につながるような具体的な「行動」を提案することも，悩んでいる人にとっては，貴重なアドバイスと言えます。

＜発表＞　全体交流（10分）

　発表係は，話し合いで出された意見を発表します。その際，分担したすべての事例を紹介する時間はないので，発表する事例を1，2例に絞るようにします。グループのメンバーからいろいろな「考え」が出てよかったもの，話し合いの際にメンバーの考えが一致したもの，逆に，それぞれのメンバーの意見が両極端だったもの，などの観点から選ぶとよいでしょう。
　注4 それぞれのグループで担当する「できごと」が違うので，できごとワークシート2の①〜③を発表してから，④を発表させるようにするとよいでしょう。

　例えば次のような発表の形式になります。
　「Aさんは，○○というできごとがあったときに，△△と考えたので，□□という気分になっ

てしまいました。僕たち（私たち）のグループでは，△△という考えも確かにあるけれども，他に●●という見方はできないかと考えました。また，この問題を解決するために，■■という方法（行動）もあるのではないかと考えました。」

このように，発表の形式を教師が示すことで，子どもたちもどのように発表したらよいか見通しがつき，安心感につながります。

＜ふり返り＞　個人活動（5分）

前時と本時の2回にわたって，できごとワークシートを使って悩みに取り組んできました。こうした活動をしてみてよかったと思う点について，子どもたちの意見を聞いてみることで，授業の反応を確かめます。

そして最後に，「ふり返りシート」を配布し，今日の授業をふり返りながら感想を書かせます。

■ 教材・教具

掲示物，配布物のデータは，付属のDVDに収録されているので，適当な大きさでプリントアウトしてご利用下さい。

＜掲示物＞
フリップ1：こころの動き図（A3），フリップ2：本時の課題（A3），グループメンバーの役割表（A3）
＜配布物＞
できごとワークシート2（前回記入済みのもの），ふり返りシート（A4）

指導案4　自分の悩みを整理する

❖本時の課題
・自分の悩みを「できごと」「考え」「気分」に整理して，解決する方法を考えよう。

❖ねらい
・自分自身の力で悩みを整理し，「考え」や「行動」を見直しながら，解決していくことができる。

学習内容と授業の進め方	◆教材・教具，◇留意点

導入　一斉指導（5分）

●前回の授業をふり返る
・フリップ1：こころの動き図を黒板に掲示する。

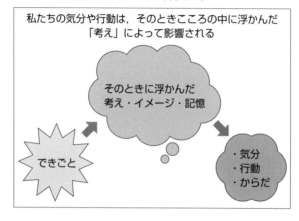

〈説明〉前時までの復習
・「できごと」「考え」「気分・行動・からだ」の関係を確認する。
・悩みを解決するためには，まず悩んでいることを「できごと」「考え」「気分・行動・からだ」に整理することが有効であること。
・つらい気分のときには，つらい気分にさせるような考え方をしていることが多いので，そのような考え方に対して，他の見方ができないか検討することも有効な手立てであること。
・さらに，解決につながるような「行動」を検討することも有効であること。

●本時の課題を知る
・フリップ2：本時の課題を黒板に掲示し，読み上げる。

> 自分の悩みを「できごと」「考え」「気分」に整理して，解決する方法を考えよう

(指示) 今日は，前々回の授業でみなさんから出してもらった困っていること，悩んでいることについて，自分で「考え」を見直してみる時間です。

◆フリップ1：こころの動き図

◇教師が説明するのではなく，前時までのポイントについて発問し，子どもに答えさせてもよい。

◆フリップ2：本時の課題

◇本時は，「自分の悩みに自分で取り組む」時間であることを知らせる。注1

| 展開 | 個人活動（20分） | ●自分の悩みや困っていることについて考える
[指示] 今から，自分の悩みや困っていることを書いてもらった「できごとワークシート2」を配ります。
前回の授業では，クラスの友達が他の見方や考え方ができないか，解決のために行動をとることができないかを書いてくれました。
今日はそのアドバイスを参考にしながら，もう一度，自分自身で他の見方はできないか，考えの見直しに取り組んでみましょう。
・フリップ3：できごとワークシート2を黒板に掲示する。
・①～④まで記入されたできごとワークシート2を各自に返却する。

・クラスの友達が書いてくれた様々な「考え」を参考にしながら，「⑤見直した自分の考え」の記入に取り組ませる。 | ◆フリップ3：できごとワークシート2
◆配布物1：できごとワークシート2（①～④記入済み）
◇「考え」だけではなく，「行動」のとり方や「からだ」への配慮の仕方なども書けるとなおよい。[注2] |
|---|---|---|---|
| 発表 | 全体交流（10分） | ●「見直した自分の考え」を発表する
[指示] どのようにワークシートに記入したか発表して下さい。発表は，できごとワークシート2の流れに沿っておこないます。「④グループメンバーの考え」の中で，特にどれが参考になったか，最後に自分はどのように「考え」を見直したのかを発表して下さい。
・数名を指名し，発表させる。

[指示] 悩みを「できごと」「考え」「気分・行動・からだ」に分けて，「考え」や「行動」を見直すということをしてきました。
今日まで4回の授業に取り組んでみての感想を聞かせて下さい。
・数名を指名し，発表させる。
（予想される反応）
　・悩みがあるときには，「できごと」「考え」「気分」に整理するとよい。
　・1つの「考え」にとらわれずに，いろいろな「考え」を認めるとよい。
　・困ったときには友達に相談すると，自分とは違う見方を教えてもらえるかもしれない。 | ◇これまでに学んできた内容だけでなく，グループ活動を通じたクラスの友達との交流に関する感想なども取り上げたい。[注3] |
| ふり返り | 個人活動（10分） | ●単元1をふり返る
・フリップ1：こころの動き図を黒板の中央に掲示する。
〈説明〉単元1のまとめ
　・「できごと」「考え」「気分」に分けること。
　・「気分」はそのときの「考え」によって変わること。
　・必要以上に前向きに考えることが大切なのではないこと。広い視野で，事実を客観的にとらえることができるようになると，バランスのよい考えができるようになること。

●単元1で学んだことの感想を書く
・ふり返りシートを配布し，記入させる。 | ◆フリップ1：こころの動き図
◇単元のまとめになるので，重要なキーワードは板書して強調する。[注4]

◆配布物2：ふり返りシート |

第5章　こころのスキルアップ教育プログラム　85

✱ 指導案4の手引き ✱

■ この授業の目的

　本時は，自分の問題や悩みに向き合う授業です。そして，単元1のまとめの時間でもあります。前時では，「できごとワークシート2」に記入した自分の悩みに対して，クラスの友達からいろいろなアドバイスを受けました。そのアドバイスを踏まえて，本時は自分自身の力で，自分の「考え」や「行動」を見直していきます。

　「自分自身の力で悩みを整理し，考えや行動を見直しながら，解決していくことができる」ことが，本時のねらいです。これが達成できれば，「こころのスキルアップ教育」の基本をしっかり学んだことになります。

　単元1のまとめの時間でもあるので，ここで単元のポイントをおさらいします。ここまで繰り返し学んできたことは何か。それは，「何か嫌なことや悩みにぶつかったときには，少し落ち着いて，『できごと』（何が起きたのか？），『考え』（そのときどのような考えがこころの中に浮かんでいたか？），『気分（行動・からだ）』（どんな気分に陥ってしまったのか？）に悩みを整理すること。そして，『考え』や『行動』を見つめ直すことで『気分』が変わる」ということです。

　「できごと」「考え」「気分」の相互関係への理解が深まると，「気分」を変えるためには，自分がその「できごと」をどのようにとらえるかが大事なのだということに気づきます。さらに深い理解ができると，「できごと」それ自体はプラスでもマイナスでもない，自分の「考え」が「できごと」に対して"よい""悪い"という評価を決めているのだといった意見が出てきます。ここまで理解が深まれば，子どもたちには以下のような「こころのスキル」がはぐくまれています。

- 自分を客観的に見つめることができる（メタ認知の能力）。
- そのような「考え」をしたから，そのような「気分」になったということが理解できる。「できごと」が「気分」を生み出しているのではなく，その「できごと」を受けてどのように「考え」たかによって「気分」が変わるという枠組みでとらえることができる。
- 悩んだり，つらい気分が続いたりしそうなときには，1つの考え方にとらわれずに，いろいろな考え方ができないか検討することができる。
- 悩みや問題に遭遇したときに，いろいろな対処の方法を考えることができる。
- 「気分」の変化に対して気づくことができる。
- 元気に前向きに生活できる。

　悩みを「できごと」「考え」「気分」に整理することは，とても大切な作業です。しかし実際には，「考え」をつかまえ言葉にするのが難しい場合もあります。そうであっても，悩みを整理しようとすることで「できごと」「気分」を客観的に見つめてみるだけでも，悩みを解決する効果は十分にあります。

　このようなスキルを身につけることで，セルフコントロールの力を育てることができます。

■ 授業の流れと指導上の注意点

<導入> 一斉指導（5分）

　前時までの内容を簡単にふり返り，展開に入ります。その際，これまでの授業で繰り返し使っている「こころの動き図」を用いるようにします。大切なポイントは，「できごと」が「気分」を生じさせるのではなく，その「できごと」をどのようにとらえたか（「考え」）によって，「気分」が影響を受けるという点です。

　注1　本時は，前時で事例として提示した自分の悩みについて，自分自身で「考え」を見つめ直します。前時では，クラスの友達からいろいろなアドバイスをもらいました。それをもとに，自分自身でもう一度，困っていることや悩んでいることに向き合う時間であることを伝えます。

<展開> 個人活動（20分）

　展開では，十分な時間を使って自分の悩みを自分自身で見つめ直すことができるようにします。静かに，集中して20分間を過ごさせるようにします。

　子どもによっては，前時にもらった友達からのアドバイスをもとに，すぐに「⑤見直した考え」の記入ができてしまうかもしれません。その際には，他の困っている事例について，新たにできごとワークシートに取り組ませてもよいでしょう。ここで，⑤の欄に「④と同じ」あるいは「〃（上に同じ）」のような記入をするのはよくないと，はっきり注意します。

　認知行動療法においても，「書く」という作業を重要視しています。それは，書くという作業を通して自分の思考を整理することができ，また自分を客観的に見つめるという視点が生まれるからです。たとえ「④グループメンバーの考え」に同意したり共感したりしたとしても，⑤の欄には必ず自分の手で，「見直した考え」を書き出させます。

　自分の「考え」をはっきりと自覚するためには，自分の手で書くという作業を怠ってはいけません。

　注2　「⑤見直した自分の考え」の記入に当たって，④に記入されたアドバイスを参考にしてもよいのですが，たとえ同じ内容であっても必ずもう一度自分で書き出させます。

　また，「見直した自分の考え」という言葉から，「考え」を変えることばかりに意識をとられている子どもがいたら，「考えだけではなくて，もっとこういう行動をとったら気分が楽になるのでは，と思うことを書いてごらん」「怒り過ぎたときには，からだがこわばってしまったり，呼吸が浅くなることがあるから，まずは深呼吸をしてみると少し気分が楽になったりするかもしれないね」など，「行動」や「からだ」に注目したアプローチのあり方についても示唆してみて下さい。

　とにかく⑤の欄には，悩んだり困ったりしている状態を少しでも改善するために，建設的な考えが書かれていればよいのです。自分で自分の状態を改善するような取り組みになることが，もっとも重要なねらいですので，「考え」や「行動・からだ」などの分類にあまりこだわり過ぎないように声かけをしていきます。

＜発表＞　全体交流（10分）

　机間指導をしながら，友達からのアドバイスを参考にしつつも，もう一度自分の言葉で「見直した考え」を書き出している子どもを取り上げていくようにします。発表後には，これまでの4回の授業について，子どもたちの感想を聞いてみます。

注3　悩みを整理することや「考え」を見直すことなど，これまで学んできたことについての意見が感想として出てくることが予想されます。また，友達と悩みを交流することやアドバイスをし合うことなどの，グループ活動のあり方についての感想も積極的に取り上げ，評価します。

　さらに，こうした悩みを交流する活動に前向きに取り組むことができるクラスの雰囲気や，人間関係のあり方，お互いのこころを大切にし合う姿についても積極的に取り上げ，評価していってほしいと思います。

＜ふり返り＞　個人活動（10分）

　単元1のまとめです。感想交流からの自然な流れでまとめに入っていきます。これまでに学んだ知識として特に確認したい内容は，以下の項目です。

- ・悩みは，整理することで解決しやすくなる。
- ・「気分」は「考え」によって変わる。「考え」（もののとらえ方）をバランスのよいものにすることで，健やかで，晴れ晴れとした「気分」で過ごすことができる。
- ・自分の「気分」は，自分がつくり出している。つまり，自分でコントロールできるものである。

　それから，グループ活動のよかった点についてもきちんとほめていきたいところです。それが単元2以降の活動への前向きな動機づけとなり，クラスの雰囲気を温かく，風通しのよいものへとますます成長させていきます。

■ 教材・教具

　掲示物，配布物のデータは，付属のDVDに収録されているので，適当な大きさでプリントアウトしてご利用下さい。

＜掲示物＞
フリップ1：こころの動き図（A3），フリップ2：本時の課題（A3），フリップ3：できごとワークシート2（A3）

＜配布物＞
できごとワークシート2（①～④記入済みのもの），ふり返りシート（A4）

単元2　問題解決のスキル

■単元2のねらい

　単元2では，「問題解決のスキル」について学んでいきます。問題解決のスキルを知ることと，それを用いて自分の問題（課題）に立ち向かうことができるようになることが，本単元のねらいです。

　問題解決のスキルとは，問題に向き合い，解決するための効果的な方法です。クラス全体の問題や自分自身の問題を題材にして練習しながら，スキルとして定着させていきます。

■プログラム全体における位置づけ

　単元1では，「気分や行動はそのときの考えの影響を受ける」ことを学びました。それによって，多くの子どもたちは「できごと」「考え」「気分」で整理し，自分のこころに向き合うことができるようになるでしょう。

　そして，自分の悩みについても，1つの考えに縛られずにいろいろな見方を検討することで気分が楽になること，客観的な視点をもつことでより前向きなアイディアが出てくることを学びました。ところが，私たちの悩みは視野を広くすれば解決するものばかりとは限りません。むしろ，悩みを客観的に見つめることで，立ち向かわなくてはならない具体的な問題が浮き彫りになることすらあり得ます。

　ここでは，そのような場合に，具体的にどう立ち向かえばよいかについて学んでいきます。

■単元2の内容構成

　単元2は2つの指導案で構成されています。問題解決のスキルを用いていきなり自分の問題に向き合うというのは，抵抗があったり，問題自体を思いつくのに時間がかかってしまったりすることが予想されます。

　そのため第1時（指導案5，p.90）では，問題解決のスキルの概要を把握することをねらいとし，クラスの問題の解決に取り組みます。自分たちのクラスをよりよくするために解決すべき問題を検討し，解決方法を考えたり話し合ったりします。

　そして，そこで学んだ問題解決のスキルを用いて，第2時（指導案6，p.96）では自分の問題に向き合い，それを解決する方策を立てるという構成になっています。

　問題解決のスキルを学ぶに当たってもっとも注意が必要なのは，子どもたちに「この問題を解決したい」，あるいは「この問題を解決しなくてはならない」という動機づけが十分にできているかという点です。問題解決への動機づけが不十分であると，解決策も具体性に乏しい案しか出てきません。問題解決への動機づけを高めるための声かけとして，その問題が解決したときにどんな姿になっているか，どんなことができるようになっているかを想像させてみるとよいでしょう。

指導案5　クラスの問題に取り組む

❖ **本時の課題**
・問題解決のスキルを使って，クラスの問題に取り組もう。

❖ **ねらい**
・クラスの問題を考えることを通して，問題解決のスキルを知る。

学習内容と授業の進め方	◆教材・教具，◇留意点
導入　一斉指導（5分） ●**問題解決の5つのステップを把握する** ・フリップ1：問題解決のステップを黒板に掲示する。 　1　問題の明確化 　2　解決する方法を次々に考える 　3　実行できそうな解決方法を選ぶ 　4　実行するための計画を立てる 　5　実行する 〈説明〉問題解決のための5つのステップ 　・今日は，問題を見つけて，それを解決するための方法を学ぶこと。 　・問題を解決するためにはコツがあり，それがここに示した問題解決の5つのステップである。この順番にしたがって一つひとつ取り組んでいくことで，問題の解決につながること。 ●**本時の課題を知る** ・フリップ2：本時の課題を黒板に掲示し，読み上げる。 　問題解決のスキルを使って，クラスの問題に取り組もう [指示] 今日は，問題解決のステップを使って，クラスの問題点について考えます。今日の課題をみんなで読んでみましょう。	◆フリップ1：問題解決のステップ ◇表現が子どもたちにとって難しいと思われる場合には，やさしい表現に変えてもよい。 [注1] ◆フリップ2：本時の課題
展開①　一斉指導①（15分） ●**クラスの問題を見つける** [指示] まず，クラスで生活する中で解決した方がよいと思う問題はないか，考えてみましょう。 （予想される反応） 　・給食の配膳が遅い。 　・掃除の時間におしゃべりをしている人がいる。 　・帰りの会のときに騒がしくなる。 ●**問題を明確にする** ・フリップ3：1問題の明確化を黒板に掲示する。 　1　問題の明確化 〈説明〉問題の明確化のポイント 　・問題は漠然としたものではなく，具体的で，明確なものにすること。 　・いくつかの問題を一度に解決しようとせず，一つひとつ取り組んでいくこと。 [発問] いくつか出された中で一番大事な問題はどれでしょうか。 　（例）給食の配膳がいつも遅くて，食べる時間が少なくなってしまう。	◇ヒントを出してもよい（例：給食，掃除，昼休みの過ごし方など）。 ◆フリップ3：1問題の明確化 ◇問題意識をクラス全体で共有することが重要なポイントとなる。[注2] ◇問題が出てこないときは例に示した事例を使うとよい。

展開② グループワーク（10分）	●解決する方法を次々に考える ・フリップ4：2解決する方法を次々に考えるを黒板に掲示する。 　2　解決する方法を次々考える 〈説明〉「ブレインストーミング」とは 　　・思いつくままに，自由なアイディアを1つでも多く出す（質より量）。 　　・出された意見を否定しない。 　　・他のメンバーの意見に便乗してもよい。 　　・できるかどうかは後で判断する。 指示　ブレインストーミングという方法を使って，解決する方法を次々に考えてみましょう。 ・グループで，解決するための具体的な方法を考える。 （例）配膳を早くするために 　　・白衣を着るのを早くする。 　　・食器や食管を配膳するのを早くする。 　　・全員で配る。 　　・ご飯や汁物を配る人を，要領のよい人にする。 ・どんなアイディアが出たかを各グループの発表係に発表させ，クラス全体で共有する。	◆フリップ4：2解決する方法を次々考える ◇ブレインストーミングをおこなう際の注意点についても触れる。注3 ◇グループでの話し合いを通して，解決方法を全員が考えるようにする。
展開③ 全体交流（10分）	●実行できそうな解決方法を選ぶ 指示　ブレインストーミングで出された解決方法について，実行できそうなものはどれか検討してみましょう。 ・フリップ5：3実行できそうな解決方法を選ぶを黒板に掲示する。 　3　実行できそうな解決方法を選ぶ 〈説明〉解決方法のアイディアを絞るときの観点 　　・実現性の高いもの：実際に実行することができるか？ 　　・効果の高いもの：それを実行したら問題がどの程度解決できるか？ （例）・給食当番が白衣を着ている間に，次の週の当番が食器・食管を準備しておく。配るときには，全員が動く。 ●実行するための計画を立てる ・フリップ6：実行するための計画を立てる，フリップ7：実行するを黒板に掲示する。 　4　実行するための計画を立てる　　5　実行する 〈説明〉計画の立て方 　　・「いつから始めるのか」「いつまでに達成するのか」「何をもって問題が解決されたとするのか」「誰が，いつ，チェックするのか」「そのために必要な道具は何か」以上のことを具体的に決め，紙に書き出すようにする。 指示　解決方法が決まったら，実行計画を立てましょう。いつから始めるか，誰がやるのか，必要な道具はあるか確認します。	◆フリップ5：3実行できそうな解決方法を選ぶ ◆フリップ6：4実行するための計画を立てる ◆フリップ7：5実行する
ふり返り 個人活動（5分）	●問題解決の5つのステップをふり返る ・解決が難しそうな問題であっても，問題解決のステップを踏むことで解決の見通しがつくことを実感させる。 ・ふり返りシートを配布し，記入させる。	◆配布物：ふり返りシート ◇数名を指名して発表させる。

✻ 指導案5の手引き ✻

■ この授業の目的

　単元2では「問題解決のスキル」を学びます。問題解決のスキルとは、ある問題を解決するための具体的な行動の起こし方のことです。では、なぜ本プログラムで問題解決のスキルを学ぶのでしょうか。問題解決のスキルを学ぶ意義について、単元1とのつながりを含めて説明します。

　単元1では、「気分はそのときの考えによって変わる」ということを学んできました。具体的には、私たちの「気分」はある「できごと」から生じるのではなく、「できごとをどのように受け止めたか（＝考え）」によって、気分や行動が変わるということでした。同じできごとであっても、その時々によってそこから感じる「気分」は違ってくるということを実感できたことと思います。

　そして、自分の抱える悩みについても、1つの考えに縛られることなくいろいろな角度から見方、考え方を検討することで気分が楽になること、客観的な視点をもつことでより前向きなアイディアが出てくることも学びました。

　ところが、私たちの抱える悩みというものは、視野を広くして見方を変えれば常に解決するものばかりではありません。ものごとのとらえ方を柔軟にしても解決しない悩みは存在します。むしろ、悩みを客観的に見つめる過程で、具体的に立ち向かわなくてはならない問題が浮き彫りになることすらあり得ます。そうした場合に、その問題にどのように立ち向かっていけばよいのかを具体的に示したものが、問題解決のスキルです。

　本時は、問題解決のスキルの全体像をつかむことがねらいとなります。そこで、「クラスの問題について考える」というモチーフを使って、グループワークや全体交流などの話し合い活動を通して、問題解決のスキルの一連の流れを楽しみながら、実践的に学習してほしいと思います。

　なお、小学校、中学校、高校まではクラス集団で共通課題に取り組むことが適していますが、大学の場合は講座制なので自分たちの集団としての課題を考えることは困難です。そのため、ここを省略して指導案6に入ってもよいでしょう。あるいは、問題解決のスキルの流れを押さえつつ、自分の問題に取り組ませてもよいでしょう。

■ 授業の流れと指導上の注意点

＜導入＞　一斉指導（5分）

　導入では、問題解決のスキルを学ぶことにどのようなメリットがあるかを子どもたちにしっかりと伝えます。問題解決のスキルを学ぶことによって、解決しなくてはならない問題が発生したときにどのようにその問題に取り組んでいけばよいのか、あるいは自分が達成したいと思う目標にどう向かっていけばよいのか、見通しを立てることができるようになります。

　問題解決には、「問題の明確化」「解決する方法を次々に考える」「実行できそうな解決方法を選ぶ」「実行するための計画を立てる」「実行する」といった5つのステップがあるという全体の流れを示します。

　そして、今日の授業ではこれを使ってクラスの問題に取り組んでいくことを説明します。

注1 問題解決の各ステップを示した表現が子どもにとって難しいと考えられる場合には，わかりやすい表現に変更しても構いません。例えば，次のような表現です。これはあくまでも一例ですので，実態に合わせてより適切な表現に変えて下さい。

　（例）　1　自分の（クラスの）目標を考えよう。
　　　　 2　目標を達成する方法をたくさん考えよう。
　　　　 3　実行できそうなアイディアを選ぼう。
　　　　 4　いつまでに，どうやって実行するか，計画を立てよう。
　　　　 5　実行しよう！

＜展開①＞　一斉指導（15分）

　クラスの問題について考えることを通して，「問題解決のスキル」を具体的に学んでいきます。一連の流れと，それぞれのステップにおけるポイントを押さえることが重要です。
　まずは，自分たちのクラスにはどんな問題があるかクラス全体で話し合い，明確にしていきます。指導案では，例として「給食の配膳」という問題を取り上げていますが，子どもたちから出される意見に合わせて，問題の内容を設定して下さい。
　注2 この授業の成功は，子どもたちが「クラスの問題」に対してどれだけ切実感をもってとらえることができるかどうかにかかっています。
　切実感をもってとらえることができるようにするためには，問題を漠然ととらえるのではなく，できるだけ具体的な場面を切り出して明確にすることが大切です。「あぁ，確かにそれは問題だ」と，どの子どもにとっても問題となっている状況のイメージが浮かぶようにする必要があります。
　問題を明確にするために，教師は「いつ，何が（誰が），どこで，なぜ，どのように」と問いかけていくとよいでしょう。例えば次のようなやり取りが考えられます。

　教　師：クラスで取り組んだり，解決するとよい問題はありますか。
　子ども：給食のときかなぁ。
　教　師：給食のどんなところ？
　子ども：配膳が遅い。
　教　師：どのように遅いの？
　子ども：配り終わるのが遅くて，食べる時間が少なくなってしまう。
　教　師：配り終わるのが遅くなるのはどうして？
　子ども：給食当番はいつも，授業が終わってから配膳用のかっぽう着に着替えるまでもたもたしている。
　子ども：おしゃべりをしている人も多いから，なかなか配膳に取りかかることができないんだと思う。

　この例からもわかるように，問題とされる状況が具体的で明確になればなるほど，それを解決するための方法が浮かびやすくなります。
　また，問題を解決しようという意欲が低い場合も，授業がうまく進みません。子どもから「理

想はそうだけど，現実には無理」「もう手遅れ」「みんなが問題ないと言っているからいいじゃないか」というような発言があった場合には，問題解決をあきらめている（回避行動）可能性があるので注意が必要です。

「無理だ」「できるわけがない」といったような問題解決を妨げる考えが出てきた場合には，単元1で学んだ「ものごとを別の視点からとらえる工夫」をすることにより，まずはこころを"問題解決モード"へ向けるようにします。

それから問題の解決意欲が低い場合には，その問題を自分には解決ができないくらい大きなものととらえている可能性があります。そのときは，大きな問題を一気に解決しようとせず，問題を細かく切り分けて一つひとつ解決していくように助言して下さい。

<展開②> グループワーク 話し合い（10分）

明確化された問題を解決するための方法を考え，それを実行するための計画についてグループに分かれて話し合います。問題解決の方法を考える際には，ブレインストーミングという手法を使って，多くのアイディアを出していきます。グループでの話し合いを通して，解決方法をクラスの全員が考えるようにすることが重要です。

時間がきたところで，各グループで出されたアイディアを順に発表し，クラス全体で共有します。

注3 ブレインストーミングは，ある事柄について自由な発想でできるだけ多くのアイディアを出し合うための方法です。頭の中を，嵐のように考えが吹き荒れている状態にするという意味で「ブレイン（脳）ストーミング（嵐）」と言います。

授業で取り入れる際のポイントは，次の2つです。1つ目は「数の原理」で，できるだけ多くの解決策を考え出すようにすることです。2つ目は「判断遅延の原理」です。アイディアが優れているかどうかや実現可能かどうかは後で考えることにして，思いつくままにたくさんのアイディアを出すことが大切なのです。

自由なアイディアが出てくるようになると，話し合いに勢いが出てきます。各グループでアイディアの数を競わせるようにすると，数の原理や判断遅延の原理を生かしやすくなります。

ブレインストーミングをおこなう意義は，アイディアをたくさん出すということだけではありません。クラスの仲間から出されるどんな意見に対しても，「まずは聞いてみよう」「受け止めてみよう」という態度をはぐくむことにも，大きな意義があります。

そのため，グループワークで取り入れる際には，どんなアイディアに対しても批判的なコメントをしないよう指導します。批判的なコメントが入ると，頭の中が自由な状態にならないので斬新なアイディアが出てこなくなってしまいます。

ブレインストーミングの活動を通して，「こんなアイディアを言ったら否定されるのではないか」と思って発言をためらってしまい，正解しか口に出せないような雰囲気の冷たい人間関係ではなく，いろいろなアイディアについて，「そういう考えもあるのか」とまずは受け止めることのできる懐の深い，温かい人間関係をクラスの中に築いてほしいと願っています。

＜展開③＞　全体交流（10分）

　各グループの発表係は，ブレインストーミングによって出されたアイディアを発表し，クラス全体で解決策のアイディアを共有します。そして，その中から実行する解決策をクラスの全員で検討して，選択していきます。その際，実行できる可能性が高いかどうか，実行することによる効果が高いかどうかという2つの観点から，それぞれのアイディアを評価していきます。

　解決策が決まったら，それを実行するための計画を立てます。「いつから始めるのか」「いつまでに達成するのか」「何をもって問題が解決されたとするのか」「誰が，いつ，チェックするのか」「そのために必要な道具は何か」といったことについて考え，具体的な行動計画を立てていきます。

＜ふり返り＞　個人活動（5分）

　まとめとして，問題解決の一連の流れを確認します。解決が難しそうな問題であっても，問題解決のステップにしたがって一つひとつ取り組んでいくことで，解決の見通しがつくことを子どもたちに実感させるようにします。

　最後に「ふり返りシート」を配布し，今日の授業をふり返りながら感想を書かせます。

■ 教材・教具

　掲示物，配布物のデータは，付属のDVDに収録されているので，適当な大きさでプリントアウトしてご利用下さい。

＜掲示物＞
フリップ1：問題解決のステップ（A3），フリップ2：本時の課題（A3），フリップ3：1問題の明確化（A4），フリップ4：2解決する方法を次々考える（A4），フリップ5：3実行できそうな解決方法を選ぶ（A4），フリップ6：4実行するための計画を立てる（A4），フリップ7：5実行する（A4）

＜配布物＞
ふり返りシート（A4）

指導案6　自分の問題に取り組む

❖本時の課題
・問題解決のスキルを使って，自分の問題に取り組もう。

❖ねらい
・問題解決のスキルを身につけ，自分で使えるようにする。

学習内容と授業の進め方	◆教材・教具，◇留意点
導入　一斉指導（5分） ●前回の授業をふり返る （発問）前回の授業では，問題を解決するには5つのステップにしたがって順番に取り組んでいくと，解決につながりやすいことを学びました。5つのステップを覚えていますか。 〈説明〉問題解決のステップの復習 ・フリップ1：問題解決のステップを黒板に掲示する。 ・前時の授業をふり返り，問題解決の5つのステップを確認する。 1　問題の明確化 2　解決する方法を次々に考える 3　実行できそうな解決方法を選ぶ 4　実行するための計画を立てる 5　実行する ●本時の課題を知る ・フリップ2：本時の課題を黒板に掲示し，読み上げる 問題解決のスキルを使って，自分の問題に取り組もう （指示）今日は，問題解決のスキルを使って自分自身の問題について考えます。今日の課題を確認しましょう。	◆フリップ1：問題解決のステップ ◇前回の授業で考えたクラスの問題やその解決方法について，ふり返ってもよい。 ◆フリップ2：本時の課題
展開　個人活動（30分） ●自分自身の解決すべき問題を見つけ，問題解決に挑戦する ・フリップ3：問題解決ワークシートを黒板に掲示する。 ・問題解決ワークシートを配布する。 ・ワークシートは，問題解決のステップに沿って記入欄が設けられていることを説明する。 （指示）自分の生活をふり返りながら，「問題解決ワークシート」に取り組みましょう。「自分には無理」「もう手遅れだ」「時間がない」と考えて，解決を先のばしにしたり，あきらめたりしていることはないでしょうか。 （予想される反応） ・苦手な数学を何とかしたい。 ・朝食を食べないことが多いので直したい。 ・期限内に提出物を提出できないことがある。	◆フリップ3：問題解決ワークシート ◆配布物1：問題解決ワークシート ◇教師はステップごとに，一人ひとりの進捗状況を確認する。 注1

●問題の明確化

[指示] まず,「Ⅰ 問題の明確化」を記入しましょう。
・問題解決ワークシートの「Ⅰ 問題の明確化」を記入させる。
〈説明〉「Ⅰ 問題の明確化」の記入法
　①「問題・悩み」となったきっかけ:困っている状況やできごとを具体的に書くことで,問題が明確に浮かび上がってくる。
　②問題を見つける:①から出された問題を具体的に切り出す。
　③問題を解決するためのいろいろなステップ:問題解決を達成するためのいろいろな方法を考え,ステップにして分ける。一気に解決することが難しい大きな問題でも,それを切り分けることで意欲を失わずに計画的に取り組むことができる。
　④③の第1ステップを最初の目標にする:今回の授業で解決をめざすものとして,③の第1ステップに記入した課題を記入する。

◇具体的に書き出すことができるよう適宜助言をする。注2

●解決する方法を次々考える

[指示] 次に,「Ⅱ 具体的な解決方法を考える」を記入しましょう。
・問題解決ワークシートの「Ⅱ 具体的な解決方法を考える」を記入させる。
〈説明〉「Ⅱ 具体的な解決方法を考える」の記入法
　①ブレインストーミング:前時でも取り組んだ「ブレインストーミング」の手法を用いて,問題の解決策を考える。1つでも多くの解決策を考えて書き出すことが重要。
　②実現するための解決策を絞る:①の中から実現性の高いものを2つ選び,メリット・デメリットについて検討する。

◇アイディアが妥当かどうかの判断は後回しにするよう助言する。注3
◇解決策には必ず,メリットとデメリットの側面があることを説明する。注4

●実行できそうな解決策方法を選ぶ

[指示] ここまでの検討をもとにして,「Ⅲ 解決策の決定」を記入しましょう。
・ワークシートの「Ⅲ 解決策の決定」を記入させる。
〈説明〉「Ⅲ 解決策の決定」の記入法
　・Ⅱの②で選出した2つについて,メリットとデメリットを比較することで,最終的に1つを選び,解決方法を決定する。
　・あらためて記入することで,問題を解決するために何に取り組むべきなのかを明確に意識化することができる。

・ワークシートのⅠ～Ⅲまでを完成させる。

◇時間がある場合には,実行するための計画を立てさせてもよい。注5

全体交流 発表（5分）

●自分の問題解決を発表する

[発問] みなさんが考えた問題解決に向けたステップを発表して下さい。
・数名にそれぞれが考えた自分の問題と解決方法を発表させる。

◇発表に当たっては,無理強いをしないこと。

一斉指導 ふり返り（5分）

●本時で学んだことの感想を書く
・ふり返りシートを配布し,感想を記入させる。

◆配布物2:ふり返りシート

✽ 指導案6の手引き ✽

■ この授業の目的

　本時は，指導案5で学んだことを生かしながら，自分自身の問題解決に取り組みます。自分の生活における問題を見つけるとともに，自分の生活をふり返ることをめざします。

　子どもたちが「自分には無理」「もう手遅れだ」「もう時間がない」などと考えて取り組まないでいた問題について，その解決の方法を（モチベーションをもって）見出すための授業です。自分自身の問題が明確になり，問題解決への見通しが立ってくれば，本時のねらいは十分に達成できたと考えます。

　テーマは発達段階に応じて，また学校生活の必要に応じて設定して下さい。例えば，「人間関係の問題を考えよう」「生活リズムの問題を解決しよう」「部活動の問題について取り組もう」などです。いきなり「自分自身の問題や課題について取り組もう」と投げかけられても，漠然としていて取り組みにくい印象を与えます。そしてもう1つ重要な点は，問題を具体的に絞り込むことです。

　ここでは「問題」という言葉を使っていますが，これは「自分の大きな目標を達成するための妨げとなっていること」「自分の希望する状態になるために取り組むべき課題」という意味であるととらえて下さい。決して，個人の直すべき欠点を指しているわけではないということに注意が必要です。直すべき欠点だと誤解すると，自分のマイナスポイントにばかり注目することになってしまいます。これは，「こころのスキルアップ教育」の趣旨には合いません。

　指導案5，6を通じたねらいは，以下の4つです。

- 自分の希望する状態を達成するための課題（問題）を，明確にとらえることができるようになる。
- 問題解決のスキルを身につける。
- ブレインストーミングを使えるようになる。
- アクションプラン（行動計画）を立てて行動できるようになる。

■ 授業の流れと指導上の注意点

<導入>　一斉指導（5分）

　まず前回の授業をふり返り，問題解決のステップを復習します。そして今回は，問題解決のスキルを使って自分の生活をふり返り，それぞれの課題を見つけてその解決策を考えたり，実際に取り組んだりする授業であることを知らせます。

<展開>　個人活動（30分）

　問題解決ワークシートに取り組むことで，一人ひとりが自分の生活をふり返り，問題解決のスキルを用いて自分の問題の解決に向けて進んでいけるようになることをめざします。問題解決の

ステップにしたがって一つひとつ取り組むことで，最初は難しいと感じていた問題も，解決できそうな問題へととらえ方が変わります。そして，「困った」と思っていたのは，実は問題を漠然ととらえていたからだということに気づくでしょう。

　活動全体を通して，常に「具体的に」「現実的に」考えることが大切である点を強調して下さい。ここでの成功体験が，問題解決のスキルを今後も使ってみようという動機づけにつながります。

　問題解決ワークシートは，問題解決のステップに沿って記入欄が設けられています。記入例も作成してありますので，表面をワークシート，裏面を記入例として両面印刷し，1枚の紙におさめると取り組みやすいでしょう。

注1　教師は，ワークシートのそれぞれの欄にどういったことを記入すればよいのか説明します。子どもたちが考えるためのヒントとなるような発問をうまく投げかけながら，取り組みをサポートして下さい。ワークシートに記入する際の留意点は，注2から注4および「問題解決ワークシートの使い方」（p.102）にまとめていますので，助言をおこなう際の参考にして下さい。

　問題解決のスキルとは，ワークシートに順を追って取り組むことだけを意味しているわけではありません。ワークシートは，前時に学んだ問題解決のステップを踏まえたものなので，問題解決のスキルを学ぶには大変有効です。しかし，それに加えて授業中に教師から与えられるワークシートの書き方の助言の中にも，重要なスキルが含まれていると考えて下さい。

注2　「Ⅰ　問題の明確化」では，解決したい問題を具体的にすることがポイントです。

　①には，自分の問題や悩みを意識するようになったきっかけ，できごとを書くようにします。「いつ，どこで，誰が，何で，どのように」と具体的に書くのがポイントです。

　②「解決したい問題」は，①が具体的に書けていれば自ずと思い浮かぶはずです。②も具体性がないと意味がありません。この②の部分が，「問題の明確化」に該当します。

　③では，②に挙げた問題を解決するまでに，どんなステップを踏んでいけばよいかを考えます。ステップの数は，3つから5つくらい考えればよいと伝えます。あまりステップが多くなり過ぎると目標が遠のきますし，少な過ぎると一つひとつの目標の難易度の差が大きくなってしまうため，取り組みにくくなってしまいます。少しずつ難易度を上げていくように設定するのがコツです。解決できそうだと思える小問題をクリアしながら大きな問題（目標）に近づいていくと，意欲を持続しながら取り組むことができます。この授業では，③の「1ステップ」に記入した問題の解決に向けて，具体的な方法を考えていきます。

　例えば，①で「1学期の期末試験で，英語の点数が50点だった。希望している高校に入るためにはあと20点（70点）は必要と言われた。英語では発音や単語，文法の問題はできるけれども，英作文の問題がまったくわからない」と，困っている状況を書き出したとします。そして，②は「英作文をできるようにして，次の試験で70点は取れるように英語の成績を上げたい」といった内容なります。このように②には，自分が達成したい「目標」が入ることもあります。

　③では，英作文の成績を上げるために，第1ステップ：基本文を覚える，第2ステップ：語順整序の問題ができるようにする，第3ステップ：日本語を英語に訳す，の3つのステップを設定します。

注3　「Ⅱ　具体的な解決方法を考える」では，Ⅰの④で記入した解決目標を達成するための方法を具体的に考えていきます。①では，前時で学んだブレインストーミングを使って，自由な発想で解決策のアイディアをたくさん考え，記入していきます。実行できるかどうかは考えず，とにかく数多くのアイディアを出すことが重要であることを伝えます。

注4　①で出てきたアイディアの中から2つ選んで，②の「番号」の欄に該当する番号を記入します。ここでは，「実行できるかどうか」「実行することで目標達成にどの程度つながるかどうか」が，選ぶ際のポイントになります。次に，それぞれのアイディアのメリット（利点）とデメリット（不利な点）について検討し，書き出していきます。どのような解決策にも，メリットとデメリットがあるということに気づかせることが重要です。

注5　メリット，デメリットを比較した上で解決策を1つに絞り，「Ⅲ　解決策の決定」に記入します。Ⅲには，Ⅱの②で書いた解決策のどちらかが入るはずですが，あらためてもう一度記入させます。書くことで，問題を解決するために何に取り組むべきかを明確に意識することができるからです。これで，問題解決ワークシートが完成です。時間があれば，解決策と合わせて，それを実行するための計画も書き出させるようにしてもよいでしょう。「いつから始めるのか」「いつまでに達成するのか」「何をもって問題が解決されたとするのか」「そのために必要な道具は何か」などについて具体的に検討して決定し，書き込ませます。具体的になればなるほど，解決への意欲は高まりますし，解決への見通しがはっきりしてきます。

<発表>　全体交流（5分）

　数人を指名して，それぞれが考えた問題解決のステップを発表させます。自分の悩みを外に出すということになるので，発表を無理強いしないように注意して下さい。

<ふり返り>　一斉指導（5分）

　ワークシートは今回の授業のためだけのものではありません。今後，もし何か解決しなければならない問題に直面した場合に，このワークシートを活用することで解決に向かって前向きに進んでいくことができるということを実感させるようにします。

　最後に，「ふり返りシート」を配布し，今日の授業をふり返りながら感想を書かせます。

■ 教材・教具

　掲示物，配布物のデータは，付属のDVDに収録されているので，適当な大きさでプリントアウトしてご利用下さい。

<掲示物>
フリップ1：問題解決のステップ（A3），フリップ2：本時の課題（A3），フリップ3：問題解決ワークシート（A3）

<配布物>
問題解決ワークシート（A4），ふり返りシート（A4）

■ 参考　問題解決ワークシートの記入例

Ⅰ　問題の明確化

① 「問題・悩み」となったきっかけ	② 問題を見つける
水泳大会で泳ぐ兄に感動したが自分は泳げない。	・水が怖くて，顔を水につけられない。 ・今までに，ちゃんとした水泳の練習をしたことがない。

③ 問題を解決するためのいろいろなステップ

1ステップ	2ステップ	3ステップ	4ステップ	5ステップ
水に慣れる	体が浮かぶ	水の中で体が前に進む	泳ぎ方を身につける	25M泳ぐ

④ ③の1ステップを最初の解決目標にする

水の中で目を開けていられるようになる。

Ⅱ　具体的な解決方法を考える

① ブレインストーミング（問題解決のためのいろいろなアイディアを出す）
※できる・できないは考えない

1	市営プールで兄に教えてもらう。	6	
2	近くの水泳教室に通う。	7	
3	家の近くの川で友人と練習する。	8	
4	風呂で顔を水につける練習をする。	9	
5	海に行って両親と練習をする。	10	

② 実行する解決策を絞る
※上記の中から2つ選んで検討する

番号	メリット	デメリット	番号	メリット	デメリット
1	あまりお金がかからない 兄なので気楽に練習できる	兄の都合に合わせる必要がある	4	1人で練習できる 自由に計画ができる お金がかからない	モチベーションが低い 泳げるまで時間がかかる

Ⅲ　解決策の決定　　1つを選ぶ

番号	実行する解決策を決定する（上記より1つを選ぶ）
4	風呂で（1人で）顔を水につけ，目が開けられるようになる練習をする。

■ 参考　問題解決ワークシートの使い方

> 「何がきっかけで問題が生じたのか。」
> きっかけとなった「できごと」を記入します。

> 「何が問題なのか。」
> 解決すべき問題を具体的に記入します。

問題解決ワークシート

Ⅰ　問題の明確化

① 「問題・悩み」となったきっかけ

② 問題を見つける

③ 問題を解決するためのいろいろなステップ
　1ステップ　　2ステップ　　3ステップ

④ ③の1ステップを最初の解決目標にする

> ②で記入した問題を，細かいステップに分ける作業をします。一気に解決することが難しい大きな問題であっても，それを細かいステップに切り分けることで，解決策がみえてきます。
> ステップの数は問題の難易度にもよりますが，3つから5つ程度が適当です。困難な問題に取り組むときにはステップの数を増やし，簡単な問題であればステップの数を減らします。
> また，ステップは少しずつ難易度が高くなっていくように設定します。ちょっとがんばれば解決可能なステップを一つひとつクリアしていくと，いつの間にか大きな問題が解決しているというイメージです。

Ⅱ　具体的な解決方法を考える

① ブレインストーミング（問題解決のためのいろいろなアイディアを出す）
※できる・できないは考えない

1	
2	
3	
4	
5	10

> ブレインストーミングによって，Ⅰの④に記入した目標を達成するための具体的な方法のアイディアを出していきます。1から順にできるだけ多く書き込みます。
> 実行できるかどうかは考えずに思いついた解決策のアイディアを1つでも多く書き出すことがコツです。

② 実行する解決策を絞る
※上記の中から2つ選んで検討する

番号	メリット	デメリット	番号	メリット	デメリット

Ⅲ　解決策の決定　1つを選ぶ

番号	実行する解決策を決定する（上記より1つを選ぶ）

> ①で出したアイディアの中から2つ選び，番号を記入します。
> 選ぶときの観点は，実行可能性と，その方法を実行した場合の問題解決可能性の2点です。
> 選択した2つの解決策について，それぞれのメリット（利点，よいこと）とデメリット（不利な点，欠点）を検討し，記入します。
> メリット，デメリットを比較した上で，最終的に解決策を1つに絞り，Ⅲに記入します。

単元3　怒りに向き合うスキル

■単元3のねらい

　単元3では,「怒り」感情について考えます。怒りの特徴を理解し,適切な対処の仕方を知ることが本単元のねらいです。怒りと上手に付き合えるようになることは,思春期の子どもたちだけではなく,すべての年代の人にとって重要な課題です。

　この単元は,現場の先生方からの強い要望からできたものです。先生方からは,「授業中に突然怒り出す」「休み時間に教室の壁に物を投げつける」など,子どもたちの怒りにまかせた衝動的な行動に困っているという声が数多く集まってきました。

　そこで,学校現場で課題となることの多い「怒り」感情について考える単元を設けました。感情のコントロールの仕方について授業で扱うことにより,子どもたちはクラスの友達の様々な考えに触れることができ,広い視野を獲得できるという側面もあります。

　一方で先生方にとっては,子どもたち一人ひとりの様子を観察するチャンスになり,暴力やいじめの未然防止に取り組みやすくなることも期待できます。

■プログラム全体における位置づけ

　単元3では,様々ある気分（感情）の中でも,特に思春期を迎えた子どもたちが対処に困っている「怒り」を取り上げます。「怒り」に焦点を当てて,「考え」と「気分」「行動・からだ」との関係について学んでいきます。

　ここでも,単元1の「気分や行動は,そのときの考えの影響を受けている」という考え方が基本になります。「怒り」という気分を入口にして,単元1での学びを深めていく単元と位置づけることができます。

■単元3の内容構成

　単元3は2つの指導案で構成されています。第1時（指導案7, p.104）では,怒り感情がわき上がるときの典型的な考え方やからだの生理的な変化,行動面での特徴について学びます。怒りの特徴を様々な側面から理解することにより,怒りをより客観的な視点でとらえることができるようになります。

　それを踏まえて,第2時（指導案8, p.110）では,怒り感情にどのように対処したらよいかを具体的に検討していきます。

　それぞれの授業で学ぶべき内容を焦点化するために2回に分けていますので,できるだけ指導案7と指導案8の間隔をあけずに実践していただくとより効果的です。

指導案7 怒りって何だろう

✣本時の課題

・「怒り」の意味とからだの反応を知ろう。

✣ねらい

・「怒り」の意味とからだの反応を知る。

学習内容と授業の進め方	◆教材・教具，◇留意点
導入 一斉指導（5分） ●本時の課題を知る 【発問】今日は，「怒り」について考えます。最近の日常生活の中で，どんなときに「怒り」を感じましたか。そのときに，どのような対処をしましたか。 ・最近の怒りの経験と，これまでの対処法についてふり返らせる。 ・フリップ1：本時の課題を黒板に掲示する。 「怒り」の意味とからだの反応を知ろう 【発問】今日の課題は，「『怒り』の意味とからだの反応を知ろう」です。どんなときに，人は「怒り」という感情を体験するのでしょうか。そのとき，からだはどんな反応をするのでしょうか。事例を使って，みんなで考えていきましょう。	◇教師自身のエピソードを用意しておいて，それを話してもよい。 ◆フリップ1：本時の課題
展開① 一斉指導（5分） ●「怒り」を感じる理由と，行動・からだの変化を整理する ・フリップ2：事例を黒板に掲示し，読み上げる。 秋男さんが，自分の部屋でコンピュータゲームをしていると，突然，お母さんが部屋に入ってきて，「早く勉強して，寝なさいよ」と言った。 秋男さんは「そろそろ勉強をしようかなと思っていたのに，いつも子ども扱いして指図してくる」と思い，イライラして机を蹴飛ばし，明日の用意もせずに，ふて寝した。 ・フリップ3：こころの動き図，フリップ4：できごと，考え，気分・行動・からだを黒板に掲示する。 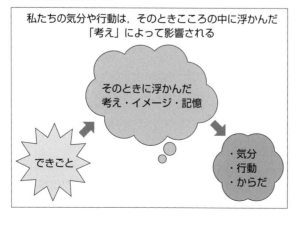	◆フリップ2：事例 ◇怒りを自覚すること自体はとても大切であることを強調する。 ◆フリップ3：こころの動き図 ◆フリップ4：できごと，考え，気分・行動・からだ 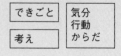

	指示 事例の内容を,「できごと」「秋男さんが怒りを感じた理由」「秋男さんのとった行動」に整理してみましょう。 また,怒りを感じたときにからだに起こる反応についても話し合ってみましょう。 ・挙手もしくは指名により,数名に発表させる。		◇一斉指導の中で進める。指導案1で学んだ「できごと」「考え」「気分」の3つに分類することを意識させる。注1

展開②個人活動（10分）

指示 「怒り」という気分も,「考え」と「行動・からだ」と深いつながりがあります。
ではまず,怒りと「考え」の関係について話し合っていきます。最近,腹が立ったとか,怒ってしまったということはありませんでしたか。どんな些細なことでもよいので,自分がムカッとしたときのエピソードを思い出してみましょう。
さらに,そのとき,どうしてムカッとしたのか理由を考えてみましょう。
・できごとワークシートを配布し,記入させる。

◇理由が「考え」に当たることを確認する。

◆配布物1：できごとワークシート 注2

指示 自分がムカッとしたり,腹が立ったときのエピソードと,その理由を発表して下さい。
・ワークシートの①できごと,②考えの欄に記入した内容を発表させる。
（予想される反応）
　・部屋でくつろいでいたら,勉強をしなさいと言われた。
　・自分には責任のないことで先生から叱られた。
　・自分が食べようとしていたケーキを弟が勝手に食べてしまった。

◇理由（考え）を板書していく。その際,「怒りが生まれるとき」の3項目を意識して配置すると,後でまとめやすい。注3

展開③一斉指導（8分）

●「怒りを感じる理由」を知る
・フリップ5：怒りが生まれるときを黒板に掲示する。

・自分が不当に扱われたと思ったとき
　（例：自分はやっていないのに叱られた）
・理由もないのに傷つけられたと思ったとき
　（例：登校途中,車に水をはねられた）
・邪魔をされたと思ったとき
　（例：勉強をしているのに,周りがうるさい）

◆フリップ5：怒りが生まれるとき

〈説明〉怒りを生じさせる「考え」の特徴
　・「怒り」を感じるときには,3つの場合があること。
　・「怒り」は,「不当な仕打ちをされた」という「侵害感」と関係していること。
　・「怒り」という感情それ自体は,悪いものではないこと。
　・「怒り」を感じると,攻撃的な行動を起こしやすくなる点が問題であること。

第5章　こころのスキルアップ教育プログラム

| 展開④ 個人活動（6分） | ●「怒りにともなうからだの反応と行動」を知る
指示 怒りを感じたときのからだの反応，行動面の特徴にはどんなものがありますか。できごとワークシートに記入した，自分が「怒り」を感じたときのからだの反応や，怒りにまかせて自然にとりたくなってしまう行動についてふり返ってみましょう。
・ワークシートの，③行動・からだの欄に記入した内容を発表させる。
（予想される反応）
　・行動：ケンカになる。殴りかかろうとする。怒鳴。物に当たってしまう。
　・からだの反応：緊張する。からだが熱くなる。汗が出てくる。顔が赤くなる。力が入る。 | ◇机間指導の中で，怒りにともなうからだの反応，行動の典型的な意見を書いている子どもを把握しておく。注4

◇冷静な対処方法を発表する場合もある。注5 |

| 展開⑤ 一斉指導（6分） | ・フリップ6：怒りにともなうからだの変化を黒板に掲示する。

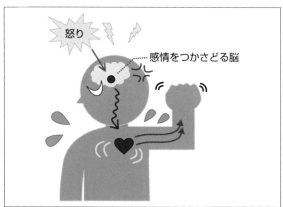

〈説明〉怒りが引き起こす「からだの反応」「行動」の特徴
・「怒り」感情が起こると，からだは意志とは無関係に，不当なことを仕掛けてきた相手を攻撃すべく「戦う」態勢に入る。
・野生の動物や文明が発達する以前のヒトにとっては，こうしたからだの反応は，生きのびるために必要なものであった。
・しかし，現代では，「怒り」を感じた場合に破壊的・攻撃的な行動をとると，むしろ問題を大きくしてしまう。とはいえ，からだは「自動的に」戦う準備をしてしまう。 | ◆フリップ6：怒りにともなうからだの変化

◇フリップ6を見せながら，説明する。注6

◇自分が怒りを感じていることを自覚することは非常に大切であること，「怒り」の問題点が「攻撃的な行動を起こしやすくする点」であることを強調する。 |

| ふり返り 個人活動（5分） | ●本時で学んだことの感想を書く
・ふり返りシートを配布し，記入させる。
・次回は，「怒り」がわき起こったときに，問題を大きくせずに上手に対処する方法について話し合うと予告する。 | ◆配布物2：ふり返りシート
◇次回の授業に向けた意識づけをする。注7 |

✳ 指導案7の手引き ✳

■ この授業の目的

　本時のテーマは「怒り」です。怒りと上手に付き合えるようになることは，思春期の子どもたちだけではなく，すべての年代の人にとって重要な課題です。本時では，怒りがわき起こるときの典型的な考え方，からだの生理的な変化，行動面での特徴について学びます。怒りの特徴を様々な側面から理解することで，怒りをより客観的にとらえることができるようになります。

　怒りは，その状況を自分にとって「不当だ」「自身の権利を侵された」と考えたときに生じる気分（感情）です。怒りが生じると，からだは自動的に，不当なことを仕掛けてきた相手と「戦う」準備を始めます。その結果，破壊的で攻撃的な行動を引き起こし，問題を大きくしてしまう可能性があるという性質をもっています。

　そのため，「怒り」感情はいけないものだという先入観をもっている人もしばしば見受けられます。しかし，怒りを感じることは人間として自然なことであり，それを自覚することは自分自身を守る上で大切なことです。授業では，この部分を強調して子どもたちに伝えて下さい。

■ 授業の流れと指導上の注意点

＜導入＞　一斉指導（5分）

　「怒り」に対して子どもたちの意識を向けさせます。教師のエピソードや自分自身の経験から，どのようなときに怒りを感じたか，そのときどのような行動をとったかをふり返らせます。

＜展開＞　一斉指導および個人活動（35分）

　「怒り」を生じさせる「考え」について前半で解説し，後半では怒りにともなう「からだの反応・行動」の特徴について説明します。

　怒りは，誰もが感じる感情であり，人間が自分を守るための大切な感情ではあるけれども，それにともなって破壊的・攻撃的行動を起こしやすいために，問題が大きくなってしまう可能性がある点が問題であることを理解させます。

　本時の展開は説明すべきことが多いので，間延びしてしまわないように注意して下さい。また，説明の表現が子どもにとって難しいと思われる場合は，適宜言葉を置きかえて下さい。

注1 「怒り」に焦点を当てて，「考え」「気分」「行動・からだ」の関係を学びます。ここでも，「気分や行動は，そのときの考えの影響を受けている」という考え方が基本になります。

注2 子どもたち自身の，腹が立ったり怒りを感じたりしたときのエピソードをふり返らせ，「できごとワークシート」に記入させます。このとき，あまり深刻なケースではなく，少し腹が立った程度のできごとを取り上げるよう伝えます。「怒り」の授業は，慎重に進める必要があります。

　ワークシートに取り組ませることで，自分の「怒り」を感じたときのエピソードを，「できごと」「考え」「気分」に分ける作業をおこないます。

　「できごと」と「気分」を書き出すことはそれほど難しくはないと考えられますが，「考え」を書

き出すのに苦労する子どもがいるかもしれません。そのような場合には、「○○というできごとのときに、どうして腹が立ったの？」と、理由を聞くようにします。それに対して、子どもが「△△だと思ったから」と理由を話したとしたら、それが「考え」に相当します。

教師が「○○というできごとが起きたときに、△△と考えたから、腹が立ったんだね」とまとめてあげると、腹が立った理由が自分の「考え」であると、より理解しやすくなるでしょう。

注3 腹が立ったときのエピソードを発表させる際には、あまり深刻になり過ぎないようにして下さい。しかし、あまり茶化し過ぎても発表者の気分を損ねる危険性もあるので、子どもの反応をみながら丁寧に対応して下さい。

出された意見はそれぞれ、怒りが生まれるときの3つの典型的な考え方のどれか、もくしは複数の項目に該当するはずです。意見として出された「考え」を板書する場合には、後で区分けしやすいように、共通する意見をできるだけ近くに書くなどの工夫をするとよいでしょう。

また、腹が立ったときのエピソードを思い出したり発表したりするうちに、怒り感情が出てくる子どもが出てくることが想定されます。そのような場合は、その怒り感情を頭ごなしに押さえつけたり否定したりせず、「そんなに腹が立ったことがあったんだね」などと、まず共感し受容する態度を示してから授業が進められるよう指導するなど、適切な対応をこころがけて下さい。

次の指導案8では、怒り感情の適切な対処法の1つとして、信頼できる安全な相手に感情を発散し、受け入れてもらうという方法を取り上げています。

注4 指示 で、「とりたくなってしまう行動」という表現をした点について補足します。怒り感情が起こったときにとる行動で好ましくないのは、破壊的、攻撃的、衝動的な行動です。これが、「とりたくなってしまう行動」です。

怒り感情は、一般的にこのような行動を誘発しやすいのですが、私たちはそこを理性でコントロールして、深呼吸をしたり、運動をして怒りのエネルギーを発散させたりするなどの建設的な方法で対処しています。

建設的な方法については、次の授業で具体的に検討するので、本時では、怒りにまかせてとってしまいそうな行動を書き出すようにします。それが、怒りによって引き起こされる本来の行動の特徴だからです。「怒り」にともなってとってしまいがちな行動パターンを知ることは、怒りをコントロールする第一歩になります。

注5 からだの反応や行動についての意見の中には、指導案8で扱う「折り合いをつけた行動や適応的な行動」も出てくるでしょう。教師は、発表を聞きながら「怒りにまかせて自然にとりたくなる行動」と「折り合いをつけた行動や適応的な行動」に分類します。

そしてまず、「怒りにまかせて自然にとりたくなる行動」をしてしまうと、問題が大きくなることを再確認します。次に、「折り合いをつけた行動や適応的な行動」については、評価しつつ、次回詳しく検討することを伝えます。

注6 人間や動物は、怒り感情が起こると、こころをつかさどる脳から指令が出て、交感神経が活発になり、からだは自動的に"戦闘モード"になります。

すなわち、からだを機敏に動かして大きな力を出したり、戦ったりしやすいように大きな筋肉

に血液が充満し，心拍数や血圧は上がり，発汗します。一方で，消化の働きは抑制され，頭部の血流が悪くなり，意識は怒りの対象に集中して，広い視野でものごとを考えることができなくなるのです。

＜ふり返り＞　個人活動（5分）
　「ふり返りシート」を配布し，今日の授業をふり返りながら感想を書かせます。
注7　次回は，怒りが生じたときに問題を大きくせずに対処する方法について考えることを予告します。
　また，怒りの中身を冷静に客観的に見つめると，怒りがしずまってくることが多いことについても触れておくとよいでしょう。授業の終末には，必ず前向きな気持ち，建設的な気持ちで終わることができるように配慮します。

■ 教材・教具

　掲示物，配布物のデータは，付属のDVDに収録されているので，適当な大きさでプリントアウトしてご利用下さい。
＜掲示物＞
フリップ1：本時の課題（A3），フリップ2：事例（A3），フリップ3：こころの動き図（A3），フリップ4：できごと，考え，気分・行動・からだ（各A4），フリップ5：怒りが生まれるとき（A3），フリップ6：怒りにともなうからだの変化（A3）
＜配布物＞
できごとワークシート（A4），ふり返りシート（A4）

指導案8　怒りと付き合う

❖本時の課題
・「怒り」感情との付き合い方について考えよう。

❖ねらい
・「怒り」感情に適切に向き合うための工夫と対処方法を知る。

学習内容と授業の進め方	◆教材・教具，◇留意点
導入　一斉指導（5分） ●前回の授業をふり返る 指示 前回の授業では，「怒り」に関連した考え方，からだの反応，行動について学びました。 　　どんな特徴があったか覚えていますか。 ・フリップ1：怒りが生まれるときを黒板に掲示し，前時をふり返る。 ・自分が不当に扱われたと思ったとき 　（例：自分はやっていないのに叱られた） ・理由もないのに傷つけられたと思ったとき 　（例：登校途中，車に水をはねられた） ・邪魔をされたと思ったとき 　（例：勉強をしているのに，周りがうるさい） 〈説明〉「怒り」感情と強く結び付いている「考え」と「行動」 　・怒りに関連した考え方が3つあること。 　・怒りは，破壊的，攻撃的，衝動的な行動を起こしやすくするという特徴があること。 指示 「怒り」感情は，それを自覚することは大切だけれど，破壊的，攻撃的，衝動的な行動を引き起こしやすいのでしたね。 　　しかし，「怒り」にまかせて攻撃的な行動を起こすと，問題が解決するどころか，大きくなってしまいます。 　　そこで今日は，「怒り」感情との上手な付き合い方について，みんなで考えていきます。 ●本時の課題を知る ・フリップ2：本時の課題を黒板に掲示し，読み上げる。 「怒り」感情との付き合い方について考えよう	◆フリップ1：怒りが生まれるとき ◇例として，怒りにともなう問題行動をいくつか紹介する。 注1 ◆フリップ2：本時の課題
展開①　一斉指導（10分） ●事例をもとに，怒りのしずめ方について考える 指示 「怒り」感情を上手にしずめる方法について，次の事例を使って考えてみましょう。	

・フリップ3：事例を黒板に掲示し，読み上げる。

> 秋男さんが，「そろそろ勉強をしようかな」と思いながら自分の部屋でコンピュータゲームをしていると，突然，お母さんが部屋に入ってきて，「早く勉強して，寝なさいよ」と言った。
> 秋男さんは，「そろそろ勉強をしようかなと思っていたのに，いつも子ども扱いして指図してくる」と思い，イライラして机を蹴飛ばし，明日の用意もせずに，ふて寝した。

・フリップ4：怒りをしずめ，対処する際のルールを黒板に掲示する。

> ①人（他人や自分）を傷つけない
> ②物を壊さない
> ③日常生活を乱さない

〈説明〉怒りをしずめ，対処する際の3つのルール
- 人（他人や自分）を傷つけないこと。
- 物を壊さないこと。
- 日常生活を乱さないこと。
- 破壊的，攻撃的，衝動的な行動に走らないようにするために，3つのルールを守る必要があること。

[発問] 怒りをしずめるために秋男さんがとった行動（机を蹴飛ばす，ふて寝をする）は，どのようにこのルールに反しているでしょうか。

（予想される反応）
- ふて寝をしたというのは，「日常生活を乱さない」に反している。
- 机を蹴飛ばしたのは，「物を壊さない」に反している。

◆フリップ3：事例

◆フリップ4：怒りをしずめ，対処する際のルール

◇3つのルールの意義を理解させるようにする。[注2]

◇数人に意見を求める。

展開②　グループワーク（10分）

[発問] では，ルールを守った上で，怒りをしずめるためにどのような工夫があるか，グループごとに考えてみましょう。
・フリップ5：グループメンバーの役割表を黒板に掲示する。
・ワークシートを配布する。
・記録係は，話し合いで出てきた意見をワークシートに記入する（発表のときに黒板に掲示するので，できるだけ大きな字で丁寧に書く）。

■ワークシート

グループ＿＿が考えた，「怒り」をしずめるための工夫

◆フリップ5：グループメンバーの役割表
◆配布物1：ワークシート
◇「自分だったら同じような場面でどのように怒りをしずめるか」「友達にどのようなアドバイスをしてあげるか」などの助言をしてもよい。[注3]

第5章　こころのスキルアップ教育プログラム

展開② グループワーク（10分）	〈説明〉怒りをしずめる方法 ・フリップ6：怒りをしずめる方法を黒板に掲示し，説明する。 ①怒りの状況から距離をとる ②怒りのエネルギーを問題を大きくすることなく発散する ③好きなこと，楽しいことに熱中する ④身近な人に腹の立ったできごとを話して，受け入れてもらう ⑤本当に一方的で不当なのか，相手の立場に立って考えてみる	◆フリップ6：怒りをしずめる方法 ◇発表の際，各グループの意見を，この5つの分類を参考にしながらまとめていくとわかりやすくなる。
発表 全体交流（10分）	●グループごとに発表する 指示 発表係は，話し合いで出た意見を発表して下さい。 　自分たちの意見との違いや，よいところなどを考えながら，他のグループの発表を聞きましょう。 ・発表係は，ワークシートを黒板に掲示し，発表する。 　（予想される反応） 　　・深呼吸をしてみる。 　　・友達や家族の誰かにグチを言ったりして，気持ちを紛らわす。 　　・運動をしてストレスを発散する。 　　・"ふて寝"ではなく，「むしゃくしゃした気持ちを切り換えるために寝よう」と思って，寝る。	
ふり返り 個人活動（10分）	●学びを深める 発問 秋男さんの「怒り」がおさまったら，今後のためにどのような対処をすればよいか考えてみましょう。 〈説明〉「怒り」への本質的な対処 　・誤解されていると判断された場合は，相手に冷静に説明する。 　・そのようなことが二度と起こらないように対策を練る。 　・味方をつくる。　など ●本時で学んだことの感想を書く ・ふり返りシートを配布し，記入させる。	◇「本質的な対処」とは，怒りがおさまった後に，「怒り」が起こる原因となったできごとに対してとるべき行動のこと。 注4 ◆配布物2：ふり返りシート ◇時間に余裕がある場合は，自分自身の体験を交流してもよい。注5

✳ 指導案8の手引き ✳

■ この授業の目的

　指導案7では,「怒り」感情は「できごと」をどのように受け止めた（考えた）ときに生じるのか,怒りが高まったときにはからだにはどのような反応が起こるのかについて学習しました。そして,怒りのエネルギーを勢いにまかせてそのままの形で外に出すと,多くの場合,問題が大きくなってしまうことに気づくことをねらいとしていました。

　本時は,生じてしまった怒りを問題を大きくすることなく発散し,しずめていくにはどのような工夫があり得るかについて話し合います。

　また,場合によっては,怒りのもとになっている問題について,冷静になってからあらためて建設的に対応してくことが大切であることも伝えます。

■ 授業の流れと指導上の注意点

＜導入＞　一斉指導（5分）

　前時の授業をふり返り,「怒り」に関係する「考え」「からだの反応・行動」の特徴について,確認します。その上で,本時は,怒りが起こったときに,問題を大きくせずにうまく対処するためにはどうすればいいかについて考えていくということを説明します。

注1　怒りにともなう問題行動の例としては,物を壊す（破壊的）,自分や友達を傷つける・暴力をふるう（攻撃的）,怒りにまかせて教室から飛び出して行ってしまう（衝動的）などが考えられます。

　怒りにともなうこれらの行動が,問題解決につながるどころか,問題を大きくしたり,増やしたりしてしまっていることに気づかせます。

＜展開＞　一斉指導およびグループワーク（20分）

　怒りに対処するときのルールを明示した上で,秋男さんの事例を使ってどのような工夫があり得るか,怒りのしずめ方について検討していきます。

　怒りのしずめ方については,子どもからアイディアを出させるようにするとよいでしょう。終盤では,教師がフリップを提示しながら,「怒りをしずめる方法」を説明します。

　「怒りをしずめる方法」とは,いわば"応急措置"です。頭にカッと血が上ってしまったとき,それがそのまま破壊的,攻撃的,衝動的な行動につながってしまうことはよくありません。そこで,怒りのエネルギーを上手に発散する方法を考えます。

注2　まず,怒りをしずめるときに守らなければならないルールとして,「①人（他人や自分）を傷つけない,②物を壊さない,③日常生活を乱さない」の3つを挙げます。

　これは,問題を大きくすることを避けるために必要なものであることを説明し,ルールを守ることの大切さを伝えます。その上で,事例で秋男さんが実際にとった行動がこのルールに反するかどうか話し合います。

「机を蹴飛ばす」という行動はどうでしょうか。机は壊れていないし，秋男さんの足の骨も折れてもいません。けれども，これはたまたま運がよかっただけです。自分を傷つけ，大切な物が破損する可能性の高い行為は，結果がどうであれルールに反しています。

「ふて寝した」についてはどうでしょうか。秋男さんは，本当はこれから「勉強しよう」と思っていたのですから，「③日常生活を乱さない」のルールに反しています。おそらく，秋男さんは怒り感情にまかせてこのような行動をとったと考えられます。

しかし，同じ行動をとるにしても，能動的に計画性をもっておこなった場合，その行動がもつ意味は違ってきます。「ふて寝」ではなくて，「こういうときは寝ることにしよう」と考えて寝たのであれば，「③日常生活を乱さない」のルールに反しません。これは，れっきとした怒りをしずめるための工夫となります。

注3 秋男さんが，怒りをしずめ，対処するためにはどんな工夫ができるかを，グループで考えさせます。

「怒りをしずめるための方法」の例を表5-2に示しました。発表の際，教師は各グループが発表した工夫が，この分類のどこに含まれるか整理しながら聞くとよいでしょう。

ただし，この分類は厳密なものではありません。中には，複数にまたがるような工夫も出てくることでしょう。「自分だったらこのように対応する」「このようなことで友人が怒っていたらこのようにアドバイスする」「他の人がとてもよい対応をしていた」「大人だったらこうするかも」など，教師は示唆を与えて，子どもたちと一緒にいろいろな工夫を掘り起こしてみましょう。

なお，適応的な怒りの発散方法の中には，表に示したように怒り感情と考えを吐き出せる信頼できる人をもつ，ということも入ってきます。そして，小中学生の場合は特に，怒り感情を受け止める側になった大人（親や教師）は，それを受け止めるだけでなく，子どもの「考え」を整理し，

表5-2　怒りをしずめるため方法の例

①怒りの状況から距離をとる
　・その場から離れる。怒りを感じた状況とまったく無関係な別の活動に集中し，精神的に距離をとる。
　・寝る。

②怒りのエネルギーを，問題を大きくすることなく発散する
　・深呼吸する，走る，サンドバックを使う，スポーツに熱中する，河原で叫ぶ，歌を歌う。
　・好きなミュージシャンのライブに行く，「お笑い」番組などをみて大笑いをする。

③好きなこと，楽しいことに熱中する
　・好きなアニメをみる，好きな本を読む，趣味に集中する。
　・（お母さんだったら）ショッピングに行って，気に入った服を買う。
　・（お父さんだったら）プラモデルをつくる。

④身近な人に腹の立ったできごとを話して受け入れてもらう
　・信頼できる人に怒り感情を交えながらできごとを話し，受け入れてもらう。

⑤本当に一方的で不当なのか，相手の立場に立って考えてみる
　・自分は"不当だ"と思ったけれど，相手はなぜそうしたのか，自分を攻撃するためだったのか，相手の立場で考えてみる　など。

何が問題となっているのか，その問題をどう解決していけばよいのかを，一緒に考えることも大切です。

<発表>　全体交流（10分）

　話し合った結果を，グループごとに発表します。発表係は前に出て，話し合いで出された意見を記入したワークシートを黒板に掲示し，発表します。

　発表する人以外は，他のグループの発表について，自分たちのグループで考えたものとどう違うのか比べたり，よいところなどを考えたりしながら聞くように指示します。

　教師は，各グループから出た意見を，先ほど説明した「怒りをしずめる方法」の5つの分類を参考にしながら，まとめていきます。

<ふり返り>　個人活動（10分）

　ここまでは，問題を大きくしないようにしながら怒りをしずめるには，どうすればよいか考えてきました。ですが，私たちのこころに生じた怒りは，ルールを守りながら発散しさえすればそれでよいのでしょうか。

　前時で学んだように，怒りは，"現状がうまくいっていない"というサインです。ですから，何が問題なのかを見つめて，適切な対応をとる必要があります。そうでないと，再び同じようなできごとが起こって，怒りが生じるということを繰り返してしまいます。

　そこで，締めくくりとして，「秋男さんの怒りの感情がしずまったら，今後のためにどのような対処をすればよいか考えてみましょう。」という発問をして，とるべき対処策について考えさせるようにします。

　ここまでの一連の流れこそ，怒りへの適切な対処法になります。ここは，丁寧に進めるようにして下さい。

　最後に，「ふり返りシート」を配布し，今日の授業をふり返りながら，感想を書かせます。

注4　怒りは，何か対処すべき問題が起きていることを知らせるサインです。怒りを意義のある感情へと昇華させるためにも，何が問題だったのか，そしてその問題に対してどのように対処するとよいのかを考えるようにします。

　このプロセスこそ，「気分」を通して現実に目を向け，そこで起きている問題に対して前向きに立ち向かっていくという「こころのスキルアップ教育」がめざす姿です。

　秋男さんの事例の場合，これから勉強しようと思っていたところに，母親から「勉強をしなさい」と言われたことで怒ってしまいました。考えられる対処法の例を挙げてみます。

①誤解されていると判断された場合は，相手に冷静に説明する。
　・今から勉強をしようかと思っていたことを冷静に説明して，予定通り勉強を始める。
　・自分自身も勉強は大切だと思っているので，もう少し信じてほしいと伝える。

②そのようなことが二度と起こらないように対策を練る。
- 母親との間に,勉強に関してのルールを設定する。必ず午後8時までには宿題を始めるから,母親はそれまでは「勉強をしなさい」という言葉を言わない。

③味方(同じように不当だと考える友人)をつくる。
- この事例の場合は,あまりよい対処法は出てこないでしょう。例えば,自分には関係のないことで先生に叱責された場合に,「その先生の一方的なところに同じように不満をもっている人を見つける」などがあります。

注5 時間に余裕があれば,理解を深めるための活動として,「グループごとに,自分が怒ってしまったできごとと,そのときの対処の仕方について,各自の経験談を交流し合いましょう。」という指示を出してもよいでしょう。特に,対処法が適切であったかどうかについての意見交換をするように指示すると,実りのある交流が期待できます。

■ 教材・教具

掲示物,配布物のデータは,付属のDVDに収録されているので,適当な大きさでプリントアウトしてご利用下さい。

<掲示物>
フリップ1:怒りが生まれるとき(A3),フリップ2:本時の課題(A3),フリップ3:事例(A3),フリップ4:怒りをしずめ,対処する際のルール(A3),フリップ5:グループメンバーの役割表(A3),フリップ6:怒りをしずめる方法(A3)

<配布物>
ワークシート(A3),ふり返りシート(A4)

単元4　コミュニケーションスキル

■ 単元4のねらい

　単元4では，「コミュニケーションスキル」について学びます。上手にコミュニケーションをとるためには，「自分の思っていることを上手に表現して，相手に伝える」「他の人の考えを受け入れ，相手のことを思いやり，理解する」ことが大切です。これらのことができると，新たに友人ができたり，クラスの中で自分の居場所を見つけることができたり，様々な活動を円滑におこなったりすることができます。一方，コミュニケーションスキルが未熟なために，孤独を感じたり，仲間に入ることができなかったり，トラブルやけんかが起きたりする場合があります。

　子どもたちは（あるいは大人も），葛藤場面において自分の素直な気持ち（気分や考え）を抑制してしまうために，大きなストレスを抱えることがあります。自分の気持ちを押し殺して，相手の主張に合わせるような行動をとり続けていると，精神的なストレスが蓄積し，こころがつらくなる原因にもなります。こうしたことから，コミュニケーションスキルは，晴れ晴れとした気分で生活していくためにも，必要なスキルと言えるでしょう。

　授業では，事例を使って練習しながら，自分の「気分」や「考え」を相手に上手に伝えるコツを身につけていきます。自分の気持ちを相手に上手に伝えるためには，自分の気持ちに正直になること（つまり，自分が今どんな気分で，何を考えているのかを知ること）や，相手の気持ちも大切にしながら，伝えたい内容のポイントを絞って穏やかに話すことが大切です。これらに注意した上で，自分の考えや意見をきちんと伝える，相手の意見にも耳を傾けつつダメなことはダメと伝えることが大事なのです。

■ プログラム全体における位置づけ

　単元1と単元3では，個人の内面に向き合う「こころのスキル」を学びました。そして単元2では，自分や周囲の環境の中にある問題を具体的に切り取って解決するスキルを学びました。単元4では，個人の内面の問題から，環境（周囲の人々）への適切な働きかけ方，自己表現の仕方へと学びが発展していきます。

■ 単元4の内容構成

　単元4のテーマは「適切な自己主張（アサーション）」です。第1時（指導案9，p.118）では，誘いを断わったり，自分の素直な気持ちを表現したりするときの「不安」について，その背景にある「考え」を検討します。そして，断ることを妨げる原因となっているもののとらえ方を見直すことで，自分の本心や良心に沿わない誘いを断る勇気を高めていきます。つまり，適切な自己主張をするための心構えを学ぶ授業と言えます。

　第2時（指導案10，p.124）では，前時に学んだ心構えを踏まえつつ，自分の素直な気持ちを，相手にとっても受け止めやすい表現で伝えるための具体的なスキルを学び，練習します。

指導案9 「ノー」と言えないとき

✣本時の課題
・「ノー」と言えるようになるために，そう言えないときの「気分」や「考え」を探ってみよう。

✣ねらい
・「ノー」と言えないときの「気分」と「考え」を理解し，自分の本意ではない誘いを断ることへの抵抗感を減らす。

	学習内容と授業の進め方	◆教材・教具，◇留意点
導入 一斉指導（5分）	●本時の課題を知る ・フリップ1：本時の課題を黒板に掲示し，読み上げる。 「ノー」と言えるようになるために，そう言えないときの「気分」や「考え」を探ってみよう 指示 本当は「断りたい」「やりたくない」と思っていても，誘われると「ノー」と言えないという経験はありませんか。今日は，不本意な誘いに対して「ノー」と言えるようになるための学習をします。	◆フリップ1：本時の課題 ◇教師が事例を話したり，「ノー」と言えなかった経験を発表させる。注1
展開① 一斉指導（5分）	●事例を使って，「ノー」と言えなかったときの「考え」を探る ・フリップ2：事例を黒板に掲示する。 指示 事例をみんなで確認しましょう。 春男さんは，今日は試験前なので勉強しようと思っていましたが，同じ部活動に所属している友人たちに，「せっかくの部活の休みだから遊ぼうよ。ちょっとならいいだろう」と誘われました。春男さんは勉強しなければならないと思っているので，本音では断りたかったのですが，いろいろ考えるとうまく断ることができませんでした。誘いについていった後も，春男さんはずっと後悔していました。 発問 春男さんは勉強しなければならないと思っているので，本音では誘いを断りたいのです。それでも，断れないのはなぜでしょうか。 ・春男さんが断りたくても断ることができなかったときに，こころの中に浮かんでいた「考え」を検討させる。 ・「断るといじめられる」「断るともう誘ってくれなくなる」「せっかく誘ってくれたのに，断るのは申し訳ない」などの意見が予想される。このような意見が出てきたら十分なので，次のグループワークに進む。	◆フリップ2：事例 ◇フリップ3：ペープサート（男子生徒）を使って，事例を人形劇にして子どもに提示してもよい。 ◇「後悔している」という点を強調することで，不本意な誘いであった点を意識づけたい。注2

|展開②　グループワーク（20分）|

●断りたいのに断れないときの「考え」を見つけ，他の考えができないか検討する
・フリップ４：グループメンバーの役割表を黒板に掲示する。
・フリップ５：できごとワークシートを黒板に掲示し，各グループにも同じものを１枚ずつ配布する。

◆フリップ４：グループメンバーの役割表
◆フリップ５：できごとワークシート
◆筆記用具

[指示]「できごとワークシート」を使って，誘いを断りたいのに断れなかったときの春男さんの気持ちを考えます。
　まずは，事例を「①できごと」「②考え」「③気分」に分類しましょう。
・グループで話し合い，記録係がワークシートに記入する。

（予想される反応）
できごとワークシート（記入例）

◇ここで学ぶのは，「断りたいのに，断ることができない」瞬間の春男さんの「考え」であることを明確にする。注3

■できごとワークシート

①	できごと	友人に遊びに誘われた
②	考え	一緒に行かないと誘ってくれた友人に申し訳ない 断ればいじめられるかもしれない 断れば仲間はずれにされるかもしれない
③	気分 行動 からだ	こわい，心配，困惑 しぶしぶついて行く
④	グループメンバーの考え	

〈説明〉「気分」はそのときの「考え」に影響される
・「こわい」「心配」という「気分」は，「申し訳ない」「嫌われる」「いじめられる」といったそのときの「考え」から生じたことを確認する。

◇②考えと③気分の相互関係について，丁寧に確認するとよい。
（例）「いじめられるかもしれないと考えれば，怖くなるよね」など。注4

第5章　こころのスキルアップ教育プログラム　119

全体交流 **発表** （10分）	●断ることを妨げている「考え」を見直す (指示) 「ノー」と言いたいのに言えない春男さんに対して，以下のことについて，グループでいろいろな考えを出しましょう。 ・春男さんが「ノー」とはっきりと言うためには，どのように考えたらいいだろうか。 ・自分だったらどのように考え，対処するだろうか。 ・友人が誘いを断れずに困っていたら，どのようにアドバイスするだろうか。 (指示) グループで検討した「考え」をまとめて，気分がどう変わったか話し合ってみましょう。 ・記録係は，話し合いで出された意見をワークシートの「④グループメンバーの考え」に記入する。	◇他の考えはできないか検討する。できるだけたくさんの意見が出るようにする。 注5

●グループごとに発表する
(指示) 各グループの発表係は，自分たちのグループでどのような話し合いをしたか発表して下さい。特に，見直した「考え」として，どのような意見が出たかを中心に発表して下さい。
・発表係は黒板の前に出て，グループでの話し合いの内容を発表をする。

〈説明〉人間関係について
・誘いを断ることが人間関係の破たんを意味しているわけではないこと。
・お互いの気持ちを尊重し合える関係性こそが，豊かな人間関係であること。
・逆に，誘いを断ることで破たんするような人間関係は，不健康な面を含み，いじめなどに発展する可能性もあるので，その場合は教師や家族，友人に助けを求めることも重要であること。

◇断ることを妨げている「考え」に対する「見直した考え」に焦点を当てて，発表させるようにする。

◇発表の中でこのような意見が出てきたときには，積極的に取り上げ評価する。

個人活動
ふり返り（5分）

●本時で学んだことの感想を書く
・ふり返りシートを配布し，記入させる。

◆配布物：ふり返りシート
◇似たような経験がないかふり返らせる。

＊ 指導案9の手引き ＊

■ この授業の目的

　本時では，自分の意に反して友達の意見にしたがってしまったり，気乗りのしない誘いに乗ってしまったりしたときの気持ちについて考え，検討していきます。ここでは，断る勇気をくじいている否定的な「考え」に気づくことがポイントです。そして，仲間との話し合いを通して，その否定的な考えを見直すところまで深めていければ本時の授業は成功です。

　否定的な考えに縛られていると，自分自身でその考えを見直すことは難しいものです。グループワークや全体交流を取り入れるメリットは，いろいろな考えがあることを知ることで自分の考えを見つめ直すことができるというところにあります。友達の考えを理解することで，人間関係の改善につながり，さらに自分の考えを表現することで気分がよくなります。

　コミュニケーションスキルには，様々な要素や側面があります。例えば，自分の考えていることを相手に伝わるように話すこと，また初対面の人に話しかけること，誰かを誘うこと，一緒に楽しむこと，協力して何かを成し遂げること，これらはすべてコミュニケーションスキルです。

　その中でも本時は，「断る」という側面に注目して授業をおこないます。理由は，自分の意に反した友達の意見や気乗りしない誘いを適切に断るためのスキルは，思春期の子どもたちにとって必要不可欠だと考えるからです。さらに，断るスキルは，個人の自立性を高め，自分らしい生き方を支えてくれることになるでしょう。

■ 授業の流れと指導上の注意点

＜導入＞　一斉指導（5分）

　教師が事例を話したり，子どもに経験を発表させたりすることで，日常生活の中で「ノー」と言えない場面が誰にでも多くあることに気づかせます。その上で本時は，「ノー」と言いたいのに言えないときには，どのようなことを考えているのかについて学ぶことを説明します。

　注1　教師が自分の経験談として，断れずに後悔した事例を話すとよいでしょう。例えば「前から友達と遊ぶ約束をしていたのに，別の友達が同じ日に誕生会をするから来てほしいと招待してくれた。せっかくの誕生会なので断ったら申し訳ないと思って，断れなかった」などです。事例を話す場合には，「どのように考えたから断れなかったか」を語るようにします。

＜展開＞　一斉指導およびグループワーク（25分）

　「ノーと言えなかったときの『考え』を探ってみましょう」という教師の発問について，グループで話し合い，「できごとワークシート」に記入します。本当は断りたいと思っているのに，断れなくしている「考え」に対し，他の考え方ができないかを検討していきます。

　事例を示すときには，臨場感を出すために，ペープサート（男子生徒）を使って教師が人形劇を演じるようにして示すとよいでしょう。

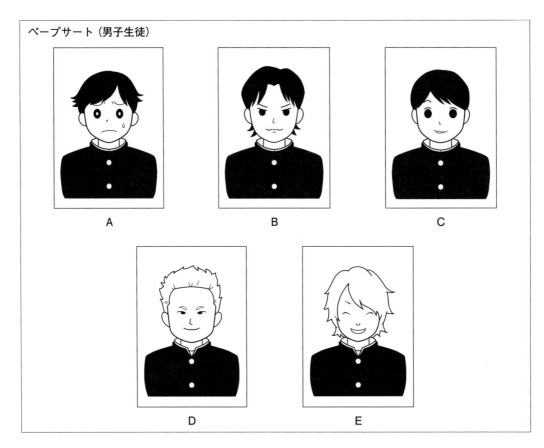

注2 「後悔している」という点を強調し、本当は行きたくなかったことを意識させるようにします。すると、「行きたくないのに断れなかった」という状況がより鮮明になります。

注3 検討するのは、「誘われたときに、断りたいのに断れず迷っている瞬間」の春男さんの「考え」や「気分」についてです。検討する場面を明確にすることで、「考え」や「気分」がわかりやすく浮かび上がります。

そのためには、「春男さんは、本音では断りたい」という点を強調することが大切です。これは注2で「春男さんは後悔している」ことを強調したのと同じ発想です。事例は、検討する場面を間違えないようにするために内容を工夫しましたが、誘いについていったことを後悔している部分について話し合っているグループがいたら、軌道修正するようにして下さい。

注4 「できごとワークシート」の①～③をまとめることで、春男さんが断ることができない背景にある否定的な「考え」を理解していきます。ここでは、「気分はそのときの考えに影響される」ことを確認することがポイントです。例えば、「いじめられるかもしれないと考えれば、怖くなるよね」という示唆を与えてもよいでしょう。

注5 教師は以下のポイントを念頭に置いて発問し、「ノー」と言いたいのに言えない春男さんの「考え」について、別の考えはできないか子どもたちに考えさせて下さい。

・断ることを妨げている「考え」は、本当に真実か。妥当性のある考え方だろうか。

・似たような状況で断ったことはなかったか。

　断った場合に起こると考えた状況について，春男さんは「起こるかもしれない」以上のことを考えていません。そこで，「もし，実際にそのような状況になった場合に，どのように対処したらよいか」について話し合わせることで，対処方法が見つかり不安がやわらぐことを理解させるようにします。例えば「もし，誘いを断ることで仲間はずれにするような友達なら，別の友達を探せばよい。いつも遊んでいる友達はA君たちだけではない」などです。また，「もし礼儀をつくした上で誘いを断ったにもかかわらず，仲間はずれにするのであれば，それはもともと健全な友人関係ではないと先生は思う」と教師の明確な意見を述べることは大切です。相手を尊重した上で断るスキルは次回学ぶことを説明します。

＜発表＞　全体交流（10分）
　話し合った結果をグループごとに発表します。発表係は，前に出て話し合いで出された意見を発表します。特に，見直した考えとしてどのような意見が出たかを中心に発表します。
　すべてのグループの発表が終わったところで，たとえ誘いを断ったとしても，それによってその人との関係のすべてが終わってしまうわけではないこと，お互いの気持ちを尊重し合える関係性こそが豊かな人間関係であること，相手を尊重して断るスキルは次回学ぶことを説明して，締めくくりとします。

＜ふり返り＞　個人活動（5分）
　まとめとして，断れないときには強い「不安」の感情があること，その背景には「否定的な考え」があることを明らかにします。そして，子どもたちに，自分自身の経験で似たようなできごとがなかったかをふり返らせます。最後に，「ふり返りシート」を配布し，今日の授業をふり返りながら感想を書かせます。

■ 教材・教具

　掲示物，配布物のデータは，付属のDVDに収録されているので，適当な大きさでプリントアウトしてご利用下さい。
＜掲示物＞
フリップ1：本時の課題（A3），フリップ2：事例（A3），フリップ3：ペープサート（男子生徒）（各A4），フリップ4：グループメンバーの役割表（A3），フリップ5：できごとワークシート（A3）
＜配布物＞
ふり返りシート（A4）
＜教具＞
筆記用具（マジックペン・ネームペン等）

指導案10　アサーションのスキルを学ぶ

✣本時の課題
・自分の考えたことを素直に表現し，相手に伝える方法を学ぼう。

✣ねらい
・自分の考えたことを素直に表現し，相手に伝える（アサーション）方法を身につける。

学習内容と授業の進め方	◆教材・教具，◇留意点
導入　一斉指導（3分） ●本時の課題を知る ・フリップ1：本時の課題を黒板に掲示し，読み上げる。 　自分の考えたことを素直に表現し，相手に伝える方法を学ぼう (指示)　今日は，自分の気持ちを素直に相手に伝える方法を学びます。みなさんは，自分の気持ちを素直に伝えていますか。 〈説明〉素直に伝えることの大切さと難しさ ・自分の言いたいことを，素直に相手に伝えることは大切であること。 ・自分の言いたいことを，素直に相手に伝えることは難しいことでもあること。 ・言いにくいことであっても，相手にきちんと伝えることが大切であること。	◆フリップ1：本時の課題 ◇素直に言いにくいことを，例を挙げて問題提起をする。　注1 ◇本時の学習への問題意識をもたせるようにしたい。
展開①　一斉指導（12分） ●「強い言い方」「弱い言い方」「ほどほどの言い方」を知る ・フリップ2：3つの言い方を黒板に掲示する。 　①強い言い方 　　相手のことは考えず，自分の言い分を優先する言い方 　②弱い言い方 　　自分の気持ちを抑えて，相手の都合を優先する言い方 　③ほどほどの言い方（アサーティブな言い方） 　　自分のことをまず考えるが，相手のことも考えるバランスのよい言い方 〈説明〉3つの言い方について ・自分の気持ちを相手に伝える場合に，3つの言い方があること。 ・それぞれの言い方で，相手への伝わり方が違うこと。 ●事例を使って体験しながら3つの言い方について考える (指示)　3つの言い方について，次の事例を使って考えてみましょう。 ・フリップ3：事例1を黒板に掲示する。 　春男さんは，自分の机の横の通路上にカバンを置いていました。そこを急いで通った夏男さんがカバンにつまずき，カバンを踏みつけてしまいました。春男さんは，夏男さんに「おい，俺のカバンを踏むなよ！」と言いました。	◆フリップ2：3つの言い方 ◇「ほどほどの言い方」としているが，「バランスのとれた言い方」「アサーティブな表現」などと変えてもよい。 ◆フリップ3：事例1 ◆フリップ4：ペープサート（男子生徒）

発問 春男さんに「おい，俺のカバンを踏むなよ！」と言われたときに，夏男さんは何と言い返すでしょうか。「強い言い方」「弱い言い方」「ほどほどの言い方」の3つの場合で，それぞれのセリフを考えてみましょう。

・夏男さんと春男さんの対話を表現する。まず，「強い言い方」と「弱い言い方」を示す。

（強い言い方）「お前の置き場所が悪いんだ。ちゃんと片づけろよ。」
（弱い言い方）「ごめん，踏んづけて。俺が悪かったよ。」

・この2つの言い方で，自分の持ちをきちんと伝えられているか，問題提起する。
・2つの言い方を踏まえて，「ほどほどの言い方」を示す。

（ほどほどの言い方）「カバンを踏んだのは悪かったけど，ここに置くと危ないんだよ。ちゃんとロッカーに片づけてくれないかな。」

◇フリップ4：ペープサート（男子生徒）を使うと，対話が意識しやすい。注2

◇子どもから「ほどほどの言い方」を考えた意見が出てきたら評価して取り上げる。

展開② グループワーク（15分）

●ほどほどの言い方を考えるコツを知る

・フリップ5：み・かん・てい・いなの図を黒板に掲示する。

◆フリップ5：み・かん・てい・いなの図

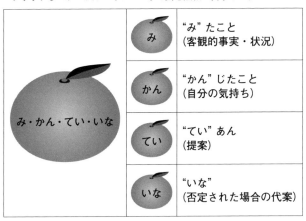

"み"たこと（客観的事実・状況）
"かん"じたこと（自分の気持ち）
"てい"あん（提案）
"いな"（否定された場合の代案）

・フリップ6：みかんていいな（事例1）を黒板に掲示する。

◆フリップ6：みかんていいな（事例1）

・み：みたこと（客観的事実・状況）
　「カバンが通路にはみ出していて，つまずいた」
・かん：かんじたこと（自分の気持ち）
　「悪気はないと思うけど，危ない」
・てい：ていあん（提案）
　「カバンをロッカーに片づけておいてくれないかな」
・いな：（否定された場合の代案）
　「今ちょっとだけだから」と言われたときの代案として，「じゃあ，もう少し机の方に寄せておいて」

〈説明〉「み・かん・てい・いな」について
・上手に「ほどほどの言い方」をするためのコツとして，「み・かん・てい・いな」というものがあること。
・これに合わせてセリフを考えていくと，自分の気持ちを大切にしながらも，相手を思いやる言い方ができること。
・事例1での「ほどほどの言い方」を，「み・かん・てい・いな」を使ってあらわすとフリップ6のようになること。

◇フリップ6を示しながら，説明する。注3

◇自分の気持ちをあらわす前に，相手の気持ちを思いやった一言を付け加えると，より「ほどほどの言い方」になりやすい。

第5章　こころのスキルアップ教育プログラム　125

	●「み・かん・てい・いな」を使って，「ほどほどの言い方」を考える ・フリップ7：事例2を黒板に掲示する。 運動会の練習後，みんなが水飲み場で順番待ちして並んでいました。そこへ，夏男さんが春男さんの前に割り込んできました。 ・フリップ8：グループメンバーの役割表を黒板に掲示する。 (指示) このときに春男さんの言いたいことを，「み・かん・てい・いな」を使って表現してみましょう。グループで話し合って，ワークシートにセリフを書き込んで下さい。 ・みかんていいなワークシートを配布し，セリフを記入させる。 ・記録係が，話し合いで出たセリフをワークシートに記入する。	◆フリップ7：事例2 ◆フリップ8：グループメンバーの役割表 ◆配布物1：みかんていいなワークシート ◆筆記用具 ◇セリフの中身や表現はグループごとに異なることがある。 注4
全体交流（10分）発表	●グループごとに発表する (指示) 発表係は話し合いの内容を発表して下さい。どんな言い方をすればよいか，発表者は春男さんになったつもりで表現して下さい。 ・発表係は，みかんていいなワークシートを黒板に掲示し，発表する。 ・発表の後に「強い言い方」「弱い言い方」と比べて，「ほどほどの言い方」のよさを発表させてもよい。 ●まとめ ・「ほどほどの言い方」は言った人も言われた人も，気分がよいこと。自分の気持ちが伝わりやすいことを説明して，まとめる。	◇発表の方法は発達段階に合わせて工夫する。注5 ◇机間指導をしながら，適切にまとめることのできているグループを指名してもよい。
個人活動 ふり返り（5分）	●本時で学んだことの感想を書く ・ふり返りシートを配布し，記入させる。	◆配布物2：ふり返りシート

✳ 指導案10の手引き ✳

■ この授業の目的

　こころの通い合う人間関係を築くためには，自分の気持ちを相手にうまく伝える必要があります。自分の気持ちを素直に表現し，相手を思いやりながら伝えることを「アサーション」と言います。本時のねらいは，アサーションのスキルの基本を身につけることです。

　自分の考えを相手に伝えるためには，まず，相手のことを考えず自分の言い分を優先する「強い言い方」と，自分の気持ちを抑えて相手の都合を優先する「弱い言い方」を考えます。そして，これらを組み合わせて，その中間に当たるバランスのとれた「ほどほどの言い方」を導き出していきます。すなわち，自分のことをまずは考えるけれども，相手のことも考えるバランスのよい言い方，これがアサーションです。

　前時では，様々なコミュニケーションスキルのうち，「断る」ということに注目しました。自分の本意ではない誘いや頼みなどを断ることを妨げている「考え」を明らかにし，それに対して他の考え方ができないか検討しました。「ノー」と言うことの不安を払拭するようなバランスのとれた考え方を探る中で，断ることへの過度な抵抗感が軽減されます。

　前時で適切な自己主張をするための心構えを学んだ上で，本時で自分の気持ちを上手に伝えるための具体的な方法を学習することで，葛藤の多い場面でのコミュニケーションがより円滑になることをめざします。

　ところで，自分の気持ちを素直に表現し，相手に伝えるためのスキルを学ぶことがどうして大切なのでしょうか。これについては，いろいろな意義が考えられます。まず，自分の気持ちを表現することは，どこの誰であろうと認められている権利であるということが挙げられます。また，これからの社会で活躍していくためには，自分が考えていることを適切に表現して相手に伝える力が必要不可欠と言われていることも挙げられるでしょう。

　それから，「こころのスキルアップ教育」で強調したいもう1つの意義は，人間関係におけるストレスを軽減するという点です。私たちが抱えるストレスの多くは，人間関係から生じます。特に，適切に自己主張することができず，常に相手に合わせてばかりであったり，相手の都合のいいように丸め込まれたりすると，怒りや不安そして抑うつ感が生じます。こうした不安，抑うつ感がどのような行動につながるかと言えば，学校生活で考えられるのは不登校です。また，怒りは破壊的・攻撃的な行動につながるでしょう。さらに，ストレスが慢性化すると，うつ病や不安障害といった精神疾患にかかるリスクが高くなります。こうしたことを防ぐためにも，自分の気持ちを素直に表現できるようになることは，大変重要であると考えます。

■ 授業の流れと指導上の注意点

<導入>　一斉指導（3分）

　「素直に言いにくいことを，相手にどのように表現しているでしょうか。」ここでは，子どもに尋ねるか，教師自身の体験談を話すなどして，具体的に問題を提起します。自分の言いたいこと

を素直に相手に伝えることの大切さや難しさを理解させることで，本時の学習への問題意識をもたせるようにします。

注1 「電車の中で，携帯電話で長々と話している人に対して」，あるいは「授業中，無駄話をしている人に対して」などの例があります。または前時で学んだ，友達からの気乗りしない誘いを断るという状況を例にしてもよいでしょう。自分の素直な気持ちを相手に伝えることが大切であるという点では同じです。

＜展開①＞　一斉指導（12分）

　ここでは，「強い言い方」「弱い言い方」「ほどほどの言い方」の3つの言い方について考えます。それぞれの言い方によって相手への伝わり方が違うこと，「ほどほどの言い方」がもっとも自分の気持ちが伝わるということを確認し，次のグループワークへとつなげます。

注2 ペープサート（男子生徒）を使って教師が対話形式で事例を示しながら，子どもにそれぞれの言い方を理解させます。攻撃的な「強い言い方」に対しては，相手も攻撃的に反応し，けんかになることが多いものです。反対に，非主張的な「弱い言い方」では，相手に自分の言いたいことが伝わりません。したがって，これら2つの言い方は，自分の考えを相手に伝える方法として適切とは言えません。そこで，「強い言い方」と「弱い言い方」を組み合わせて，自分のことをまず考えるけれども，相手のことも考えるバランスのとれた「ほどほどの言い方」を考えさせるようにします。子どもたちに夏男さんのセリフとして，どのようなものが考えられるかと問いかけ，出された意見を取り上げながら進めると楽しくなるでしょう。

　「ほどほどの言い方」が，もっとも自分の気持ちが相手に伝わる表現である点を押さえることが重要です。それによって，「ほどほどの言い方」をするコツを学びたいという気持ちを抱かせつつ，次のグループワークに移ることができます。

＜展開②＞　グループワーク（15分）

　グループワークでは，「ほどほどの言い方」をするためのコツを学びます。「み・かん・てい・いな」という語呂で表現されており，この語呂に合わせて表現を組み立てていくことで「ほどほどの言い方」ができます。

注3 「み・かん・てい・いな」というキーワードは，自分の気持ちを伝えるときに意識しておくとよいことをまとめたものです。「"み"たこと（客観的事実・状況）」「"かん"じたこと（自分の気持ち）」「"てい"あん（提案する）」「"いな"（否定されたときの代案）」の頭文字を並べると，「み・かん・てい・いな」になります。

　事例1で出された「ほどほどの表現」を，「み・かん・てい・いな」に合わせて説明することで，それぞれの項目の意味している内容が理解しやすくなります。

注4 セリフの内容は，グループによって少しずつ違ってきます。心配性のメンバーが多いグループは，模範的なセリフを探そうとして時間がかかってしまうかもしれません。そのような場合は，「セリフや言い回しがグループごとに違っていても問題ない」と声かけするとよいでしょう。

事例2の場合，春男さんのセリフの例としては「(みたこと) みんな並んで待っているよ。(感じたこと) 早く飲みたい気持ちはわかるけど，割り込まれると嫌な気持ちになってしまうよ。(提案) 後ろに並び直すことはできないかな。(嫌だと言われたら) 僕も早く飲んで番が回るようにするからさ。」といったものが考えられます。他にもいろいろなセリフがあるはずです。特に「提案」については，各グループのユニークなアイディアが出てきます。それぞれのアイディアが建設的なものであれば，それをみんなで楽しみながら進めていくようにします。

　ただし，春男さんが「み・かん・てい・いな」に則って自分の気持ちを伝えたとしても，夏男さんが割り込みをやめて列の後ろに並び直してくれるとは限りません。「ほどほどの言い方」は，相手の行動を変えるための言い方ではなく，自分の素直な気持ちを相手に伝えるための言い方である点を誤解のないように指導して下さい。つまり「み・かん・てい・いな」は，説得するためのものではないのです。しかし，相手に自分の気持ちが伝われば，それによって相手の行動が変わる可能性が高くなります。

＜発表＞　全体交流（10分）
　全体交流として，それぞれのグループで考えたセリフを発表します。いろいろな表現があることを楽しみながら進めていきます。すべてのグループの発表が終わったら，「ほどほどの言い方」は，言った人も言われた人も気分がよいこと，自分の気持ちが伝わりやすいことを説明して，活動をまとめます。

注5　発表では，子どもたちが楽しく表現できることが大切です。小学生や特別支援学級の子どもたちには，ゲーム感覚で演じられるようにするとよいかもしれません。教師が夏男さん役をして，発表者に春男さん役をさせると寸劇になって盛り上がります。発達段階やクラス・学年の実態に合わせて，発表方法を工夫しましょう。

＜ふり返り＞　個人活動（5分）
　最後に「ふり返りシート」を配布し，今日の授業をふり返りながら感想を書かせます。

■ 教材・教具

＜掲示物＞
フリップ1：本時の課題（A3），フリップ2：3つの言い方（A3），フリップ3：事例1（A3），フリップ4：ペープサート（男子生徒）（各A4），フリップ5：み・かん・てい・いなの図（A3），フリップ6：みかんていいな（事例1）（A3），フリップ7：事例2（A3），フリップ8：グループメンバーの役割表（A3）
＜配布物＞
みかんていいなワークシート（A3），ふり返りシート（A4）
＜教具＞
筆記用具（マジックペン・ネームペン等）

■ 参考 「人間関係の法則」と「自分の気持ちを上手に伝える7つのポイント」

　コミュニケーションスキルは，よい人間関係を築くためにとても大切なものです。参考資料として，「人間関係の法則」と「自分の気持ちを上手に伝える7つのポイント」を提示しておきます。

● 人間関係の法則

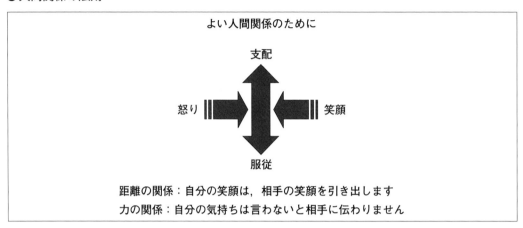

　これは，人間関係の特徴的なパターンを示したものです。よりよい人間関係をつくるためのコツは，人と接するときにここに示した「距離の関係」と「力の関係」を意識することです。

　横軸は，「感情」をあらわしています。自分がニコッとすれば相手も笑顔で返してくれますが，こちらが敵対的に接すると，相手も敵対的になるのです。

　縦軸は，「力の関係」をあらわしています。これは，感情の軸とは違って，相手に反対の反応を引き起こします。つまり，こちらが強い口調で言うと，相手は弱くなってしまって何も言わなくなってしまう，あるいは逆にこちらが弱い態度を示すと，相手は強い態度で出てくるようになります。

　この図については第4章 (p.38) でより詳しく説明していますので，そちらを参照して下さい。

● 自分の気持ちを上手に伝える7つのポイント

　①自分の気持ちに正直になりましょう。
　②相手の気持ちを大切にしましょう。
　③穏やかに話すようにしましょう。
　④簡潔に話すようにしましょう。
　⑤自分の意見をきちんと伝えましょう。
　⑥相手の意見にも耳を傾けましょう。
　⑦ダメなことはダメと伝えましょう。

みかんていいなワークシート

み	"み"たこと （客観的事実・状況）	
かん	"かん"じたこと （自分の気持ち）	
てい	"てい"あん （提案）	
いな	"いな" （否定された場合の代案）	

今日のふり返り

年　　組　　名前（　　　　　　　　　　）

■各質問の答えを○で囲んで下さい。

1. 今日の授業には楽しく参加できましたか？

　　とても楽しかった　　楽しかった　　あまり楽しくなかった　　楽しくなかった

2. アサーティブな表現（自分のことも相手のことも考えるバランスのよい表現）は理解できましたか？

　　よく理解できた　　理解できた　　あまり理解できなかった　　理解できなかった

3. 表現のコツとしての「み」「かん」「てい」「いな」は理解できましたか？

　　よく理解できた　　理解できた　　あまり理解できなかった　　理解できなかった

4. 今日の授業は難しかったですか？

　　難しくはなかった　　あまり難しくはなかった　　難しかった　　とても難しかった

5. このような"こころの力を育てる授業"は，自分の役に立つと思いましたか？

　　とても役に立つ　　役に立つ　　あまり役に立たない　　役に立たない

6. このような「こころのスキルアップ教育」の授業をこれからも受けたいですか？

　　とても受けたい　　受けたい　　あまり受けたくない　　受けたくない

7. 今日の授業を受けて思ったことを何でも書いて下さい。

単元5　こころのスキルアップ教育のまとめ

■ 単元5のねらい

　単元5では，ここまでおこなってきた「こころのスキルアップ教育」の授業を通して身につけたスキルや知識を，ショート劇という活動を通して再確認します。ショート劇という手法を取り入れることで，ここまでに学んだスキルを子どもたちが現実の場面でも活用することができるように工夫しています。

■ プログラム全体における位置づけ

　単元5は，本プログラムのまとめとして位置づけています。子どもたちにとって，授業という日常の時間の中で，「こころの問題（悩み）についてクラスの仲間と話し合い，表現することで気分が楽になる」ということを体験してほしいと思い，この単元を設定しました。
　自分と同じ考えをもつ仲間，自分と違う考えをもつ仲間の存在を知ることは，硬直化した考えから解放され，ものごとをとらえる視野が広がるきっかけになるでしょう。

■ 単元5の内容構成

　単元5は，連続した2時間の授業時間を使って，教師が提示したテーマと内容に沿って，それぞれのグループで話し合いをおこなうことでセリフやストーリーの展開を考え，最後にショート劇として演じるという流れになっています。
　ショート劇のテーマは，これまでに学んできた「こころのスキル」をベースとした5つを提示しています。それぞれのショート劇のストーリーおよび登場人物，場面設定などは決まっています。学校生活でよく起こるトラブルを題材にしました。困ったときの気持ちやセリフ，行動をグループの仲間と話し合い，表現し，発表します。
　このセリフづくりをグループの仲間と話し合うことが重要あり，演じることにはあまり大きな意味はありません。しかし，グループの仲間全員で劇をつくり上げることは，クラスの雰囲気がよくなり，学校生活が楽しくなることにつながります。
　ここまでの授業で学んできた「こころのスキル」を取り入れることで，ハッピーエンド（価値ある目標に向かって行動する）になるように，ストーリーを展開させるようにします。

指導案11　学んだことを劇で表現する

❖本時の課題
・こころのスキルアップ教育の授業で学んだことを，みんなでショート劇にし，表現しよう。

❖ねらい
・授業で学んだスキルを実生活で活用できるようにする。

学習内容と授業の進め方	◆教材・教具，◇留意点
導入　グループ活動（10分） ●**本時の課題を知る** ・フリップ1：本時の課題を黒板に掲示し，読み上げる。 > こころのスキルアップ教育の授業で学んだことを，みんなでショート劇にし，表現しよう [指示] 今日は，「こころのスキルアップ教育」の授業のまとめです。この1年間，「こころのスキルアップ教育」の授業を通して学んだことを，みんなでショート劇にして，表現します。 ●**グループごとにショート劇のシナリオを選択する** ・フリップ2：ショート劇1〜5を黒板に掲示する。 [指示] ショート劇のシナリオは，5種類あります。どのシナリオにするかを，各グループで話し合って決めて下さい。 ・それぞれのシナリオについて，「テーマ」「登場人物」「劇の内容」「留意点」を説明する。 ・どのシナリオにするか，グループで話し合わせ，選択させる。 ・グループごとに，どれを選択したか発表させる。	◆フリップ1：本時の課題 ◆フリップ2：ショート劇1〜5 ◇クラス全体として5種類すべてを演じることができるようにする。[注1] ◇表現活動に抵抗感を示している場合は，教師が楽しく演じてみせることで，雰囲気づくりをする。
展開　グループ活動（35分） ●**ショート劇のテーマに沿ってセリフや配役などを検討する** [指示] 各グループが演じるシナリオが決まりましたね。では，今からテーマと内容に沿って，セリフや振り付けを話し合って下さい。それから，誰がどの役を演じるのかを決めて下さい。 〈説明〉劇の展開を検討する際の注意点について ・テーマに沿っていれば，シナリオは自分たちでアレンジしても構わないこと。 ・これまでの授業で学んだ表現や考え方を意識して取り入れるようにすること。 ・最後は必ずハッピーエンドになるような展開にすること。 ・グループのメンバー全員が何かの役割を分担すること。 ・発表のときは，演者自身がセリフを言ってもよいし，ナレーションの担当者がすべてのセリフを言ってもよいこと。 ・発表時間は1グループにつき，5〜10分であり，その時間内におさまるようにすること。 ・グループごとに，テーマ，内容に沿って，セリフや配役，ストーリーの展開を話し合わせる。	◇グループワークを始めるに当たって，注意点を伝えておく。 ◇「これまで学んだスキルを実際に使えるようになるための練習」という目的を忘れないように注意する。 ◇発表の場面でつらくなる子どもがいないように配慮する。

134

展開	●発表に向けて練習する	
	指示 セリフ，配役やストーリーの展開が決まったら，発表に向けて練習しましょう。	
	・発表までの時間を使って，練習させる。 ・練習する中で，よりよいセリフや表現が見つかれば，それに変更しても構わないと説明する。	

休憩 (10分)	休み時間	◇2時間連続した枠で授業をおこなうが，授業の合間に昼休みが入るようにすると，劇の内容を深めることができる。

発表 グループ活動および全体交流 (35分)	●観劇のマナーと視点を共有する	◆フリップ3：観劇のマナー ◇発表を始める前に，クラス全体で共有することがポイント。 注3
	・フリップ3：観劇のマナーを黒板に掲示し，読み上げる。	
	1. ショート劇の発表は，楽しみながらみましょう。 2. 演じている人が嫌な気分になるようなことはしてはいけません。こころない野次を飛ばしたり，他の人が演じている最中に隣の人とひそひそ話したりすることはやめましょう。 3. 発表が終わったら，拍手をしましょう。	
	・フリップ4：劇をみるときの視点を黒板に掲示し，読み上げる。	◆フリップ4：劇をみるときの視点
	1. 「こころのスキルアップ教育」で学んだことが，どこで出てくるかを意識しよう。 2. 役者同士のやり取りの中で，うまい表現だと思うところはどこか考えよう。 3. 日常生活の中で生かしてみたいと思うところはどこか考えよう。	
	●グループごとに発表する	
	指示 これから発表を始めます。発表するグループはすみやかに準備をして下さい。準備が整ったら「これからグループ○の発表を始めます。私たちは，ショート劇□を選びました。」と，自分たちがどの劇を演じるのかを紹介してから始めるようにして下さい。	
	・グループごとに発表させる。時間の管理をして，スムーズに進行させる。	◇発表の順番は，クラスの実態に応じて検討する。

個人活動 ふり返り (10分)	●発表をみた感想を発表する	
	指示 感想交流をしましょう。各グループのショート劇をみて，どんなところがよかったを発表して下さい。	
	・数名を指名し，感想を発表させる。	
	●本時で学んだことの感想を書く	
	・ふり返りシートを配布し，記入させる。	◆配布物：ふり返りシート

■ ショート劇のテーマおよび内容

● ショート劇1（単元1に対応）

<テーマ>

できごと・考え・気分をつかまえる

<登場人物>（4人）

春子さん，夏子さん，春子さんの母，ナレーター

<劇の内容>

　春子さんが，夏子さんのケータイに電話をする。遊びに誘おうと思ったが，何度電話をしても出ないし，返信もない。春子さんは，小学4年生のときのいじめられた経験を思い出し，夏子さんから返信がないことについて不安になり始めた。

　母にそのことを相談すると，「明日，学校に行って直接聞いてみたら？」と助言してくれた。そのおかげで，春子さんは少し元気が出て，明日学校に行って理由を聞いてみようと思った。

　翌日，春子さんは学校で夏子さんと会った。

<留意点>

・3つの場面を演じる。
　①春子さんが，夏子さんのケータイに電話をかけてもつながらない場面
　②春子さんと母親が会話をしている場面
　③翌日，学校で春子さんと夏子さんが会って会話をする場面
・母親の助言により，春子さんは「できごと」「考え」「気分」をつかまえることができた。その様子をセリフに盛り込む。
・春子さんは，友人の夏子さんが電話に出なかったことについて悩んでいたが，翌日学校に行って話してみると，夏子さんの対応が，春子さんが考えていたのと違うものだったというストーリーにする。
・最後はハッピーエンドとなるような展開にする。

●ショート劇2（単元2に対応）
＜テーマ＞
問題解決のスキルを使う

＜登場人物＞（5人）
春男さん（男子，中学2年生，野球部），夏男さん（春男さんの同級生），春男さんの母，春男さんのクラス担任，ナレーター

＜劇の内容＞
　春男さんは，三者面談で担任に「北高校に進学したい」と言ったが担任から「北高校に進学するためには，試験の得点が各教科5点足りない」と言われた。
　帰宅途中，母が北高校はあきらめるように言った。しかし，本人はあきらめたくないので，友達の夏男さんにその話をした。
　夏男さんは，「僕もがんばるから，一緒に勉強をがんばろうよ」と言って，勉強する方法を一緒に考えてくれた。

＜留意点＞
・野球部の活動は，月曜日～金曜日は朝練と夕方4時から6時30分まで練習があり，土曜日と日曜日には練習試合がある。
・勉強は，火曜日・金曜日の夜7時30分から9時30分まで，英語と数学の学習塾に通っている。家庭学習は，宿題があれば30分程度するくらい。宿題や部活動のない日は，友達と遊ぶかゲームをして過ごす。
・3つの場面を演じる。
　①三者面談の場面
　②帰宅途中の場面
　③夏男さんと一緒に問題解決スキルを使って検討し，勉強をがんばろうと決心した場面
・ブレインストーミングを利用し，勉強の仕方についてのいろいろなアイディアを出すストーリーにする。
・最後はハッピーエンドとなるような展開にする。

●ショート劇3（単元3に対応）
<テーマ>
怒りをコントロールする

<登場人物>（6人）
春男さん（中学1年），夏男さんと秋男さん（同じ掃除班の友達），冬男さん，春男さんのクラス担任，ナレーター

<劇の内容>
　掃除の時間，春男さんはまじめに掃除をしていた。夏男さんと秋男さんは，掃除をサボって遊んでいる。
　掃除終了のチャイムが鳴ったとき，まだ掃除が終わっていなかった。そこへ担任が見回りに来て，掃除が終わっていないことに対してとても怒った。班全体の責任として，全員が叱られた。
　その後，春男さんは体育館の裏に行き，「俺はちゃんと掃除していた」と，怒りを爆発させた。そこへ，心配した冬男さんがあらわれ，まじめに掃除をしていたのに叱られた春男さんのくやしさを理解し，さらにそうした理不尽な状況でも冷静にふるまっていた春男さんに心打たれたことを伝えた。春男さんは嬉しかった。

<留意点>
・3つの場面を演じる。
　①掃除している場面
　②担任が怒って，班の全員が叱られた場面
　③体育館の裏で，春男さんが怒りを爆発させている場面
・「全体責任にされたとき」「体育館の裏で怒りを爆発させたとき」「冷静になって自分の考えをもう一度見直しているとき」の，それぞれにおける春男さんの気持ちをセリフにする。
・最後はハッピーエンドとなるような展開にする。

●ショート劇4（単元4に対応）
<テーマ>
「ノー」と言えないときの気持ちを考える

<登場人物>（6人）
春男さん，友達（夏男さん，秋男さん，冬男さん），春男さんの母，ナレーター

<劇の内容>
　下校途中，「今日もカラオケに行こう」と夏男さん，秋男さん，冬男さんが誘ってきた。春男さんは，過去に家に帰るのが夜遅くなって親に叱られたことがあるし，カラオケそのものが好きではない。しかも，今日は塾がある日で，1か月後には期末テストがある。春男さんは，夏男さんたちからの誘いを断りたかったが，断れずにあやふやな受け答えをしたまま帰宅した。
　春男さんが，カラオケに行くか塾に行くか悩んでもたもたしていると，母親に「塾に行く時間でしょ」と注意された。そこで，夏男さんたちにカラオケに行こうと誘われていて，うまく断れないでいることを母親に話した。
　結局，春男さんは，夏男さんたちに「ノー」と言おうと決心し，メールで断ることにした。

<留意点>
・4つの場面を演じる。
　①放課後，友達からカラオケに誘われる場面
　②自宅で，「ノー」と言えない理由と「ノー」と言ったらどうなるかを考え，母親に事情を話している場面
　③断ろうと決心して，メールをしている場面
　④翌日，誘ってくれた友達と顔を合わせる場面
・自宅に帰って「ノー」と言うことを決心するまでの，春男さんの気持ちの移り変わりがセリフで表現できるとよい。
・最後はハッピーエンドとなるような展開にする。

●ショート劇5（単元4に対応）
＜テーマ＞
自分の気持ちを素直に伝える（アサーション）

＜登場人物＞（5人）
春男さん，夏男さん，秋男さん，冬男さん，ナレーター

＜劇の内容＞
　春男さんは，自分の机の横の通路にカバンを置き，ノートを書き写していた。そこへ，夏男さんが通りかかり，春男さんのカバンにつまずいた。夏男さんは，とても攻撃的に怒って立ち去った。夏男さんが攻撃的に怒ったので，春男さんも言い返した。
　その後，少し時間が経ってから，秋男さんが通りかかり，またそのカバンにつまずいた。秋男さんは，カバンにつまずいた自分が悪かったというような言い方をした。その様子をみていた冬男さんは，春男さんにカバンを片づけてほしいと堂々と話し，春男さんはそんな所にカバンを置いた自分の方が悪かったと反省した。

＜留意点＞
・3つの場面を演じる。
　①夏男さんが攻撃的に怒っているセリフを言い，それに対し春男さんも攻撃的な返事をする場面（攻撃的に言えば言うほど，お互いにエスカレートしていく）
　②秋男さんが，「弱い言い方」をする場面
　③冬男さんが，「ほどほどの言い方」で春男さんに提案をする場面
・冬男さんのセリフが，「み・かん・てい・いな」を使った表現になるとよい。
・最後はハッピーエンドとなるような展開にする。

✳ 指導案11の手引き ✳

■ この授業の目的

　本時は,「こころのスキルアップ教育」のふり返りを劇という手法を使っておこないます。これまで学んできたことを劇の中で体験的に再現することで,現実の生活場面で活用できるようにすることがねらいです。

　単元1から単元4のある部分だけを学んだ場合も,締めくくりとして学んだ内容を劇で表現して印象づけると,子どもたちにスキルが定着しやすくなります。

　授業では,劇を演じることよりも,提示されたテーマ,内容に合わせて「セリフ」や「行動」をグループのメンバーで話し合いながら,ストーリーをつくり上げることが重要であるという点に注意が必要です。

　また,他のグループの発表をみることによって学びを深めるために,観劇する際のマナー指導や,観劇するときの視点を示し,クラス全体で共有することも重要です。

■ 適用対象

　発達段階としては,小学校高学年以上であれば適用可能です。中学生はもとより,高校生でも適用できます。適用となるクラスの状況については,特に明確な基準などはありません。クラス担任が,自分のクラスの実態をみながら適宜判断して下さい。あまりに状態の悪いクラスでは,子どもたちは表現することに対して強い抵抗感があると思います。

　表現活動には多少の抵抗感は付きものです。特に思春期の真っ只中にある中学生などは,強く抵抗を示す子どももいるかもしれません。そのような場合には,グループ内で助け合いながら解決していくように支援します。

　この活動をクラスで取り入れることができるかどうかの基準は,観劇のマナーを最低限守れそうかどうかという点で判断して下さい。

観劇のマナー
1. ショート劇の発表は,楽しみながらみましょう。
2. 演じている人が嫌な気分になるようなことはしてはいけません。こころない野次を飛ばしたり,他の人が演じている最中に隣の人とひそひそ話したりすることはやめましょう。
3. 発表が終わったら,拍手をしましょう(発表の始めと終わりの両方に入れてもよい)。

■ 授業の流れと指導上の注意点

　この授業は,連続した2時間の枠でおこなっていただく時間設定となっています。授業の間に昼休みが入るようにすると,その時間も利用できるので話し合いや練習の時間が確保され,劇の内容を深めることができます。そのためにも,授業時間の枠取りを工夫していただくとよいでしょう。

<導入>　個人活動およびグループ活動（10分）

　本時は，これまでの1年間「こころのスキルアップ教育」の授業で学んできたことを，ショート劇にして表現する授業であることを伝えます。そして，これまで学んできた「こころのスキル」のそれぞれに対応した5つのテーマを発表し，グループごとにどのテーマにするか選択させます。

　子どもたちが，表現活動に対して抵抗感やこわばりをみせているような場合には，まず教師がショート劇の例を楽しそうに演じてみせることが，もっとも効果的な解決策です。教師の楽しそうな雰囲気から，子どもたちも「ちょっとやってみようかな」という気分になってきます。いったんグループ活動が始まると，セリフを考えたり，動きを入れたりするのが楽しくなってきます。

　注1　5つすべてのスキルの復習をしたいため，すべてのテーマがいずれかのグループに割り当てられるようにして下さい。グループのメンバーの数と役の数が一致しない場合は，1人2役にするなど工夫します。

<展開>　グループ活動（35分）

　ショート劇の展開やセリフ，配役についてグループで話し合って，ストーリーをつくり上げていきます。ここで注意しなければならないのは，劇はあくまでも"手段"であることです。おもしろいストーリーをつくって上手に演じることが目的なのではなく，与えられた状況設定の中で，これまで学んできたスキルをどのように活用すればよいかを考えることが目的であることを忘れないように強調して，活動の目的を説明します。

　この活動を通して，子どもたちが，自分がそういった場面に出会ったときに，この授業で学んだスキルを活用して対処できるという自信をもてるようになるところまでもっていくようにします。話し合いに入る前に以下の注意をおこなって下さい。

1. テーマに沿っている範囲で，シナリオは自分たちでアレンジしても構いません。
2. これまで学んだ表現や考え方を，意識して取り入れるようにしましょう。
3. 最後は必ずハッピーエンドになるような展開にします。
4. グループのメンバーの全員が，何かの役割を分担します。発表のときは，演者自身がセリフを言ってもいいし，ナレーションの担当者がセリフを全部言うことにしてもいいでしょう（発表の場面でつらくなる人がいないようにするための配慮）。
5. 発表時間は，1グループにつき5〜10分です。その時間でおさまるようにしましょう。

　配役，セリフなどが決まったら，発表に向けて練習します。練習する中で，セリフや展開について，よりよいアイディアが出てきたら変更してもいいと声かけして下さい。

<発表>　グループ活動および全体交流（35分）

　グループごとに，ショート劇の発表をします。これまでおこなってきた「こころのスキルアップ教育」の総まとめです。劇の中には，これまで学んできた様々なスキルが盛り込まれています。

観劇を通して学びが深まるよう，マナーと視点をきちんと伝えるようにします。

注3 観劇のマナーは，クラスの実態に応じて追加したり，削除したりしても構いません。まずは，楽しい時間を演出することが大切です。しかし，それが悪ふざけになってしまうと，これまで1年間の授業が台無しになってしまいます。まとめの時間であるということを強調しながら，観劇のマナーと視点を説明して下さい。

<ふり返り>　個人活動（10分）

すべてのグループの発表が終わったところで，何人かを指名し，他のグループの発表について，感想を発表させます。最後に，「ふり返りシート」を配布し，これまでの授業をふり返りながら感想を書かせます。

■ 教材・教具

掲示物，配布物のデータは，付属のDVDに収録されているので，適当な大きさでプリントアウトしてご利用下さい。

<掲示物>
フリップ1：本時の課題（A3），フリップ2：ショート劇1～5（各A3），フリップ3：観劇のマナー（A3），フリップ4：劇をみるときの視点（A3）

<配布物>
ふり返りシート（A4）

第6章 こころのスキルアップ教育プログラム特別支援学級編

特別支援学級編とは

　本章では，第5章で紹介した「こころのスキルアップ教育プログラム」を，特別支援学級の子どもたちを対象におこなうためにアレンジした，「特別支援学級編」を紹介します。

　認知行動療法教育研究会は，「こころのスキルアップ教育」を広めるため，毎年，全国各地区でワークショップを実施しています。そこで出会った熱心な先生方から，「認知行動療法を取り入れた，特別支援学級の子どもたちに役立つ指導方法はないか」という声をいただくことが何度かありました。

　そうした声に応えようと，認知行動療法の原理を生かした指導方法を研究し，特別支援学級向けのプログラムを開発しました。いくつかの学校で実際に授業をおこなっていただき，そのときの子どもたちの反応や授業者の先生方からの感想などを踏まえて，試行錯誤を繰り返し，ブラッシュアップを重ねてできたものが今回紹介する4つの指導案です。

▶ 特別支援学級向けに工夫した点

①指導形式

　特別支援学級向けのプログラムを作成するに当たっては，個別指導のよさを最大限生かすことを考慮しました。普通学級を意識した集団指導的な内容と比較して，一人ひとりの子どもの考え方（もののとらえ方）や発言などを，より大切にする内容になっています。授業では，子どもの発言や発想がより尊重され，認められることを重視しています。

　教師は子どもの思考をくみ取り，それを生かしながら授業を展開していきます。まさに，個別のカウンセリングをおこなっているかのような方法で，授業を通して教師と子どもとの信頼関係が深まっていきます。

②子どもの「気分」を重視した対応

　特別支援学級編を作成する際にも，私たちが一番大切にしたのは，「気分や行動は，そのときこころの中に浮かんだ考えの影響を受ける」という，認知行動療法の原理です。もっと単純化すれば，「気分」そのものに注目することが大切だと考えています。

　例えば，ある問題行動が発生した場合を考えてみましょう。突然，教室を飛び出す子どもがいたとして，その子どもに対して教師は，「なぜ，教室を出たのか」と，理由（考え）を尋ねることが多いのではないでしょうか。しかし，理由（考え）を聞かれても，子どもはうまく答えること

ができません。こうした場合は，理由を尋ねるよりも子どもが感じた「気分」を聴くことが役に立ちます。気分を聴くことで，教師は，その子どものこころの安定，不安定を推し量ったり，ストレスの度合いを感じ取ることができます。さらに，子どもにとっては，自分自身が感じた気分を言葉にすることで，自分の思いをストレートに表現できたという気持ちになれるのです。

▶ プログラムのねらいと内容構成

特別支援学級向けのプログラムは，"誰にでもできるもの"ということを念頭に，以下の3つの柱を立てて作成しました。

1つ目の柱は，「楽しい活動」であることです。先生方には，ぜひ楽しい雰囲気の中で授業実践していただきたいと思います。本プログラムの授業を通じて，子どもたちに「明日も，学校に行くと楽しいことがある」と思ってほしいと考えています。

2つ目の柱は，「自己表現」です。自分の今の気分を見つめ，それを言葉にすること（指導案1，p.146），6コマまんがづくりを通してキャラクターのセリフを考え，発表すること（指導案2，p.150），自分が気に入った被写体をカメラで撮影すること（指導案3，p.152，指導案4，p.154），これらはすべて自己表現です。本プログラム全体を通して，子どもたちに自己表現することの楽しさを味わってほしいと願っています。

3つ目の柱は，「コミュニケーション」です。子ども同士，あるいは子どもと教師による共同作業や感想交流を通して，人と関わり合うことを楽しんでほしいと考えています。

こうした活動を，カウンセリングという閉じられた空間ではなく，授業という公開された場で実施することで，子どもたちが自然な形で「こころのスキル」を身につけ，ストレス対処能力が高まり，前向きな生活ができるようになることが本プログラムのねらいです。

本プログラムは，4つの指導案で構成されています（表6-1）。授業の実践に当たっては，クラス・子どもの実態に合わせて，実践可能な内容を，可能な範囲で活用して下さい。それぞれ，学級活動や行事などのときのちょっとした時間，道徳などの時間でも取り入れていただけますので，何回でも繰り返して実践して下さい。また，「特別支援学級編」と名付けてはいますが，普通学級でも，子どもたちが楽しんで取り組める内容ばかりですので，ぜひ取り入れてみて下さい。

表6-1 こころのスキルアップ教育プログラム特別支援学級編の内容構成

No	タイトル	本時の課題	対象学年	配当時間
1	みんなと仲良くなろう	・自分の「考え」や「気分」をみんなに伝えよう。	小学校1年～4年	1
2	6コマまんがをつくろう	・動物と一緒に散歩に行くお話をつくろう。	小学校4年～6年	1
3	みんなで写真を撮ろう①	・気に入ったものを，写真に撮ろう。	小学校5年～6年	1
4	みんなで写真を撮ろう②	・お気に入りの写真を，みんなに紹介しよう。	小学校5年～6年	1

指導案1　みんなと仲良くなろう

❖本時の課題
・自分の考えや気分をみんなに伝えよう。

❖ねらい
・自分の考えや気分を表現できるようにする。

学習内容と授業の進め方	◆教材・教具，◇留意点
導入（20分） ●アイスブレイキング ・フリップ1：4つの果物を黒板に掲示する。 （指示）今日は，自分のことや自分の気分を伝える授業をします。まずは自己紹介です。先生が見本をみせますので，やり方をよくみていて下さい。 1：担任が自己紹介する。ぬいぐるみをもって，自分の名前を言った後，黒板に掲示した果物の中から，自分の好きなものを言う。 2：子どもにぬいぐるみをバトンタッチする。ぬいぐるみを渡された子どもは，「○年生の△△です。私は□□が好きです。どうぞよろしく。」と自己紹介する。終わったら，みんなで拍手をする。 3：最後の人が終わるまで，ぬいぐるみをバトンタッチして進めていく。 ●本時の課題を知る ・フリップ2：本時の課題を黒板に掲示し，読み上げる。 　自分の考えや気分をみんなに伝えよう。 （指示）自分のことを友達に知ってもらうためのよい方法がもう1つあります。それは，自分の考えや気分を伝えることです。今日は，このことを勉強します。	◇緊張した雰囲気をなごまし，みんなのことを知るきっかけつくりになる。注1 ◆フリップ1：4つの果物（リンゴ・バナナ・スイカ・メロン） ◆布製のぬいぐるみ 注2 ◇自己紹介の仕方は，状況に合わせて工夫する。注3 ◆フリップ2：本時の課題
展開（20分） ●今の自分の気分を知る （発問）ここに「気分3兄弟」がいます。この中から，今の自分の気分に当てはまるものを選んで下さい。先生の今の気分は，○○です。 ・フリップ3：ペープサート（気分3兄弟）を使って，教師が今の自分の気分を表現する。 ・フリップ4：気分をあらわす言葉を黒板に掲示する。 （指示）それぞれの表情があらわす気分が，この一覧の中のどれに当たるかを見つけましょう。自分に配られた気分カードを，当てはまると思う表情の下に貼り付けましょう。 ・気分カードを配布する。子どもは黒板に掲示されているペープサートの下に，気分カードを貼り付ける。 （指示）自分の今の気分を「気分3兄弟」を使って表現して下さい。 ・ペープサートを選んで，それをみんなにみせながら自分の今の気分を発表する。気分をあらわす言葉や，その理由も話せたらなおよい。	◆フリップ3：ペープサート（気分3兄弟）注4 ◆フリップ4：気分をあらわす言葉 ◇3つの表情が，子どもにはどのような気分として認知されるかを確認する。 ◇同じ表情でも，いろいろな感情をあらわすことを確認する。 ◇フリップ4に書かれていない言葉で表現してもよいと伝える。発表後は，みんなで拍手をする。 ◇話せない子どもに無理強いはしない。
ふり返り（5分） （指示）これから毎日，朝と帰りの時間に「気分3兄弟」を使って，今の気分を尋ねる活動をします。 　　　最後に，今日の授業の感想を発表して下さい。	

✳ 指導案1の手引き ✳

■ この授業の目的

　この授業は，特別支援学級の子どもたちが「こころのスキルアップ教育」を始める前に，「クラスの友達と仲良くなる」「自分の気分や考えを自由に表現できるようになる」「この授業を楽しく受けられるようになる」ことを目的に作成したものです。これは，特別支援学級だけでなくいろいろなクラスで，子どものたちの実態に合わせて取り組んでいただけます。

■ 授業の流れと指導上の注意点

＜導入＞

注1 「アイスブレイキング」とは，「氷を壊す」という意味です。冷たい雰囲気や緊張した状態を壊し，なごやかな雰囲気をつくるためにおこなうゲームのようなものです。授業が始まる前，緊張した雰囲気をなごませるとき，子どもたちを集中させたいときなどにとても有効です。子どもたちの実態に合わせて，いろいろな工夫をしておこなってみて下さい。

注2 布製のぬいぐるみは手触りが温かく，大人でも緊張しているときに触るとほっとします。子どもたちが，ほっとした気分で自己を語れるきっかけになります。

注3 最初に会った友達です。名前だけでなく，ちょっとした共通の好きなものが見つかれば，その後の会話につながります。また，みんなで輪をつくってその場で立って自己紹介してもいいですし，自分の席に座っていて自分の番になったら黒板の前に出て行って自己紹介してもよいでしょう。自己紹介では，自分の好きな果物を言うだけで十分なのですが，好きな理由まで話せる子がいたら，それも認めるようにします。

＜展開＞

注4 ペープサート（気分3兄弟）の表情は，単純化されています。それぞれの表情があらわす意味を，理解できない子どもがいるかもしれません。同じ表情でもいろいろな表現があることを，子どもたちと理解し合えるとよいでしょう。

　新学年の初めから1か月間，毎日朝と帰りの時間に「気分3兄弟」を使って，子どもたちの今の気分を尋ねてみると，子どもたちの状態を把握することに役立ちます。朝も帰りもいつも「渋顔」に手を挙げる子どもには，担任として心づかいが必要になるときです。

■ 教材・教具

＜掲示物＞

フリップ1：4つの果物（A3），フリップ2：本時の課題（A3），フリップ3：ペープサート（気分3兄弟）（各A4），フリップ4：気分をあらわす言葉（A3）

＜教具＞

布製のぬいぐるみ

✴ こころのカレンダー ✴

■ 対象
小学校1～4年生

■ 活動のねらい
自分自身を客観的に見つめる力を身につける。

■ 方法
カレンダーの円の中に，今の自分の気分を表現するような顔の表情を書き込む。
・表情の例：うれしい顔，普通顔，いつもより落ち込んでいる顔の3タイプから選ぶ。

この活動は，自分を客観的に見つめるための第一歩になります。ある小学校の2学年特別支援学級で，毎日，朝と帰りの学級活動の時間の2回，これを6か月間ほど継続して実践していただきました。

その報告によると，開始して1か月目は，子どもたちは，3タイプの表情の中から自分の気分に該当するものを選んでカレンダーに書き込むことに一生懸命な様子だったようです。それが，2か月目に入ると，落ち込んでいる子どもに対して，隣の席の子どもが「何があったの？」と尋ねたり，また「僕と遊ぶと，楽しい顔のマークに変わるよ」と励ましたり，といったことがみられるようになり，クラスの人間関係がよくなるといった効果があらわれたそうです。

そうしたこともあって，子どもたちからは，「学校が一番楽しい」などの言葉が聞かれるようになったということでした。

これは，子どもたちそれぞれ個人への働きかけが，クラス全体の変化へと波及するという，とてもうれしい報告でした。

今回，この活動に取り組んでいただいた特別支援学級では，毎日，朝の会と帰りの会の2回，子どもたちに今の気分をあらわす表情を書き込ませるという実践でした。これはとても丁寧な取り組みではありますが，1日に1回，例えば朝の時間にだけ実践していただくということでも，十分効果があります。

私たちが提案したのは3パターンの表情だけでしたが，この3パターンでは自分の気分を表現できない場合，子どもたちは自発的に工夫をして，今の自分の気分に沿った表情を記入していました。

子どもたちのこころの中に，このような「表現を詳細にしたい」「自分の気持ちを伝えたい」という思いが出てくると，教師や親が，「今，子どもが何を考えているか理解できない」ということで困惑することがなくなっていくことが期待されます。

こころのカレンダー ＿＿＿月

☺ 　　　なまえ＿＿＿＿＿＿＿＿＿＿＿＿＿

	月	火	水	木	金
日付					
朝	○	○	○	○	○
帰り	○	○	○	○	○
日付					
朝	○	○	○	○	○
帰り	○	○	○	○	○
日付					
朝	○	○	○	○	○
帰り	○	○	○	○	○
日付					
朝	○	○	○	○	○
帰り	○	○	○	○	○
日付					
朝	○	○	○	○	○
帰り	○	○	○	○	○

指導案2　6コマまんがをつくろう

❖本時の課題
・動物と一緒に散歩に行くお話をつくろう。

❖ねらい
・状況を伝えることができるようになる。

	学習内容と授業の進め方	◆教材・教具，◇留意点
導入（5分）	●**本時の課題を知る** ・フリップ1：本時の課題を黒板に掲示し，読み上げる。 　　動物と一緒に散歩に行くお話をつくろう 【指示】今日は，先生と一緒に6コマまんがをつくります。お話の内容は，みんなが動物と一緒に散歩に行くというものです。動物シールを使いながら，吹き出しに入れる言葉を考えていきます。 ・フリップ2：6コマまんがシートを黒板に掲示する。 ・6コマまんがシートと，動物シールを配布する。	◆フリップ1：本時の課題 ◆フリップ2：6コマまんがシート ◆配布物1：6コマまんがシート ◆配布物2：動物シール　注1
展開（30分）	●**6コマまんがになるように，順序よく場面をつなげていく** 【指示】6コマまんがを順番につくっていきます。1コマずつ，どんなことを書くのかを説明します。一緒に進めていきましょう。 〈説明〉6コマまんがのつくり方 ・話の内容は，自分が，動物と一緒に散歩に行くというものであること。 ・話に登場する物や動物は，配布したシールの中から選ぶこと。 ・子どもたちは，吹き出しに入る言葉（セリフ）をそれぞれ考えること。 ・6つの場面設定を説明し，話をつくっていく。 　①の場面…「はじまり」（教師が担当し，ストーリーの雰囲気をつくる。シートに初めからセリフを書き込んでおいてもよい。） 　②の場面…「どこへ（どこで）」 　③の場面…「だれと」 　④の場面…「何を」 　⑤の場面…「どうした」 　⑥の場面…「楽しかったこと」（ハッピーエンドで終わるようにする。） ・①，③，⑤は教師が担当する。 ・②，④，⑥は子どもが担当する。	◇1コマずつ，どんなことを書くのかを説明しながら進めていく。注2 ◇「それから，次は」などのつなぎ言葉や，「どんな色かな」など，様子をあらわす言葉を投げかけながら，教師が誘導する形で，話をつくり上げていく。
ふり返り（10分）	●**完成した6コマまんがをみせ合う** 【指示】完成した6コマまんがを，みんなでみせ合いましょう。 ・それぞれがつくった6コマまんがをみせ合う。 ・本時の授業で，よかったことや楽しかったことを発表する。	◇ストーリーを話せる子どもには，発表させる。注3 ◇2時間目以降は，教師のアイディアを入れた題材で実施する。

✱ 指導案2の手引き ✱

■ この授業の目的

本時の目的は,「教師とともに楽しみながら,1つのストーリーをつくる」「ストーリーをつくることを通して,状況を表現する力を養う」「教師との対話を通して,コミュニケーション力を身につける」「授業の発展として,親と子ども・仲間同士などへの活動の場を広げる」の4つです。

■ 授業の流れと指導上の注意点

<導入>

注1 吹き出しのセリフを考えるのが目的のため,絵を描くことに時間を割かないように,シールを使います。動物シールは,雑貨店などで売っているもので構いません。

<展開>

子どもとコミュニケーションをとりながら,一緒にストーリーをつくっていくことが大切です。子どもには「それから,次はどうなったのかな」「どんな色になったのかな」など,イメージを引き出すような言葉を投げかけながら,話をつなげていくとよいでしょう。

注2 話に登場するのは,動物だけでなく,人物にしても構いません。

① 「はじまり」は教師が担当し,ストーリーの雰囲気をつくります。
② 「どこへ(どこで)」行ったのかを,子どもに書かせます。
③ 「だれと」行ったのかを,教師が書きます。
④ 「何を」に当たる内容を,子どもに書かせます。道具や物などが出てくるとよいでしょう。
⑤ 「どうした」のかを,教師が書きます。
⑥ 「楽しかったこと」は何か,子どもに書かせます。6コマまんがをつくり上げてよかった,という気持ちを残すため,ハッピーエンドで終わらせるようにします。

(例) ①パンダ君がいます。友達と遊びたいなと思い(教師)→ ②スーパーに行きました(子ども)→ ③そこには,仲良しの小鳥さんがいました(教師)→ ④食べ物がたくさんあったので(子ども)→ ⑤一緒に買いました(教師)→ ⑥一緒に食べて,2人とも大きなお腹になりました。(子ども)

<ふり返り>

注3 ストーリーをつくり上げたことを,必ずほめて終わるようにすることがポイントです。

■ 教材・教具

<掲示物>

フリップ1:本時の課題(A3),フリップ2:6コマまんがシート(A3)

<配布物>

6コマまんがシート(A3),動物シール

指導案3　みんなで写真を撮ろう①

❖本時の課題
・気に入ったものを写真に撮ろう。

❖ねらい
・気に入った被写体を見つけ，写真に撮ることができる。
・カメラ（写真を撮る）を媒体に，行動を広げる。

学習内容と授業の進め方	◆教材・教具，◇留意点
導入（5分） ●本時の課題を知る ・フリップ1：本時の課題を黒板に掲示し，読み上げる。 　　気に入ったものを写真に撮ろう [指示] みなさんは，写真を撮ったことがありますか。みなさんの家には，どんな写真がありますか。今日は，自分が気に入ったものを，カメラを使って写真に撮ります。 ・思い出の写真について，子どもに問いかける。 ・これまでに自分で撮ったことがある写真について，話を聞く。 ・撮影用のカメラを準備する。 ・カメラの使い方を説明しておく。	◆フリップ1：本時の課題 ◇これまでは，思い出づくりとして自分が被写体であったが，この授業では「自分の気に入ったものを撮る」ということを理解させる。注1 ◆各自にカメラをもたせる。注2
展開（35分） ●撮影会をおこなう [指示] では，カメラをもって移動しましょう。気に入ったものがあったら，それを写真に撮りましょう。 ・教室を出て，校内外，被写体となるものがある場所へ移動し，撮影する。 ・室内にあるもの，あるいは屋外にあるものを撮影する。 ・撮影するものは，子どもに自由に選択させる。	◆花，文具などの被写体となり得る物を，あらかじめ用意しておいてもよい。注3
ふり返り（5分） ●活動のまとめをする [指示] お気に入りの写真は撮れましたか。カメラはもち帰って，家で写真を現像してもらいましょう。そして，家の人と相談をして，お気に入りの写真を5枚選んで，学校にもってきて下さい。 ・カメラで撮影するという体験をした感想を発表させる。	◆「よい体験をした」という気持ちが残るよう，共感的に支援してもらうように家族にお願いする。注4

✽ 指導案3の手引き ✽

■ この授業の目的

　本時の目的は,「自分の好きなものや気に入ったものを,写真という新しい方法で表現する」「写真を撮るという行動を通して,活動を活性化させる」「活動の様子やそのときの気持ちを家族や友人に伝えることで,コミュニケーションの力を養う」の3つです。

　「写真を撮る」ことはシャッターボタンを押すだけでできるので,失敗する可能性はとても低いです。そして,何を,どのように撮ろうか考えて,判断するまでの過程はとても自由です。カメラを使った活動が,子どもたちにとって楽しいものになることは想像に難くないでしょう。また,教師にとっては,子どもが選んだベストショットをみることで,その子どもがどのような点に興味をもつのか知ることができるため,その子どもへの理解が深まります。

■ 授業の流れと指導上の注意点

＜導入＞

注1　自分が好きなものや,気に入ったものを撮影するという点を強調します。

注2　学校にあるデジタルカメラを使用するのが難しい場合は,各家庭からインスタントカメラ,デジタルカメラのいずれかを準備していただくよう,お願いする必要があります。学校にこうした道具を持参することについては,十分に配慮が必要です。

＜展開＞

注3　被写体については,各学校の状況や子どもたちの実態に応じて検討します。校内外を撮影しながら歩くことが難しい場合は,特別教室などに被写体となる物品を配置し,それを好きなように撮影してもよいでしょう。あるいは,図工室に移動し「この部屋の中で,気に入った場所を撮影してみよう」としてもよいでしょう。

＜ふり返り＞

注4　この活動は,家族の理解と支援が必要になります。まず,撮影した写真に対して共感的に支援していただけるように,お願いしておく必要があります。自宅にもち帰った写真を,子どもと保護者が一緒にみながらベストショットを5枚選んで,それをプリントアウトしてもらいます。子どもにとって,「よい体験をした」という感覚が後に残ることが大切です。

■ 教材・教具

＜掲示物＞

フリップ1：本時の課題（A3）

＜教具＞

カメラ,花や文具など（被写体として）

指導案4　みんなで写真を撮ろう②

✥本時の課題
・お気に入りの写真をみんなに紹介しよう。

✥ねらい
・家族や友達にベストショットをみせたり，そのときの気分を表現することができる。

	学習内容と授業の進め方	◆教材・教具，◇留意点
導入（5分）	●本時の課題を知る ・フリップ1：本時の課題を黒板に掲示し，読み上げる。 　お気に入りの写真をみんなに紹介しよう [指示] 前回は，お気に入りのものを写真に撮りましたね。家で写真を現像してもらったと思います。そして，その中からお気に入りの写真を5枚選んでもってきてもらいました。今日は，それをみんなに紹介しましょう。 ・お気に入りの写真5枚を用意させる。 ・自宅での写真選びの際のやり取りの様子などについて，問いかける。	◆フリップ1：本時の課題 ◇ベストショットの5枚を用意させておく。注1 ◆前時に撮影した写真（5枚）
展開（30分）	●お気に入りの写真を紹介し合う [指示] 5枚の写真のうち，特にみんなに紹介したいと思う写真を2枚だけ選んで下さい。 ・5枚の写真の中から，特にみんなに紹介したい2枚を選ばせる。 [指示] 写真を選び終えたら，台紙に貼ります。そして，それぞれの写真の下に，その写真を選んだ理由とその写真を撮ったときの気分を書いて下さい。 ・台紙を配布する。 ・写真を台紙に貼り付け，選んだ理由と撮影したときの気分を記入させる。 ・記入が終わったら，黒板に掲示し，発表させる。 ［写真1　写真2　の台紙イメージ］	◇選ぶ写真は，2枚でなくてもよい。注2 ◆配布物1：写真用の台紙
ふり返り（10分）	●感想を交流し，本時のまとめをする [指示] 友達の写真のどんなところがよかったですか。よいと思ったところを発表して下さい。 ・友達の写真をみて，よいと思ったところを発表させる。 ・今日の授業の感想を発表させる。	◇今回の経験をこれからの生活に取り入れていくよう呼びかけてもよい。注3

✳ 指導案4の手引き ✳

■ この授業の目的

　前時に撮影した写真を，クラスの仲間同士で交流します。友達にぜひ紹介したいという写真を2枚選び，発表用の台紙に貼り付けます。台紙にはその写真を選んだ理由や，撮影したときの気分を書き込みます。

　2時間にわたるカメラを使った活動のねらいは，当然のことながらカメラ撮影のスキルを上げることではありません。カメラという道具を使って，自分が気に入ったものを写真にするという自己表現や，撮影した写真を通して周りの仲間とコミュニケーションをとることこそが，この活動のねらいです。

■ 授業の流れと指導上の注意点

＜導入＞

注1　自宅で選んできたベストショットの5枚を，机の上に出させておきます。前時（指導案3）においても注意すべきことですが，家庭によっては写真をプリントアウトする手段がない場合があるので，その際は学校でできるだけの支援や配慮が必要です。

＜展開＞

注2　発表する写真の枚数は，2枚でなければならないというわけではありません。しかし，その写真を選んだ理由や撮影したときの気分などを記入する作業，全体交流での発表を考えると，あまり枚数を増やし過ぎない方が，子どもの負担を減らすためには望ましいでしょう。

　選んだ写真を台紙に貼り付け，感想などを記入し終えたら，子どもたちは写真を貼り付けた台紙を黒板に掲示し，自分が選んだ写真について，どんなところが気に入ったのかを発表します。

　また，聞き手となった子どもには，友達の写真のどんなところがよいかを発表させるようにすると，コミュニケーションがさらに深まります。

＜ふり返り＞

注3　今回の授業での活動を生かして，「夏休み中に家族と出かけた際に，カメラで写真を撮ってこよう」といった提案してもよいでしょう。カメラを使って好きなものを撮影するというのも，自分の気持ちを表現することにつながります。

■ 教材・教具

＜掲示物＞
フリップ1：本時の課題（A3）

＜配布物・持参物＞
ベストショット5枚，写真を貼る台紙（A3）

第7章 認知行動療法の手法を活用した保健室での子どもとの関わり

1 保健室での子どもとの関わりに活用するメリット

　本書で紹介している,「こころのスキルアップ教育プログラム」の理論的支柱となっているのは,認知行動療法と呼ばれる精神療法で,人の心理面を支援する方法の1つです。学校で認知行動療法を活用していただく場面は,子どもたち一人ひとりが悩みに対して自分自身でうまく対処できる力を身につけることを目的におこなう授業だけではありません。子どもたちのこころの健康を"支える"という場面でも,活用できます。

　本章では,学校で子どもたちの健康を支える役割を担う養護教諭の方々が,保健室における子どもたちとの関わりの中で,認知行動療法を効果的に取り入れていくためのポイントをわかりやすく紹介します。

　認知行動療法の手法を生かした子どもたちへの支援をおこなうには,具体的に「何を」「どこまで」したらよいか,そのエッセンスについて説明したいと思います。中でも,気分とそのとき浮かんだ考え（自動思考）を把握することに重点を置いた子どもとの関わり方が特に役に立つと思われますので,それを中心に紹介していきます。

　それに先立って,認知行動療法の原理全般や基本的な技法について説明した本書の第Ⅰ部に目を通して下さい。特に第1章で紹介した認知行動療法に関する基本的な知識をご理解いただいてからの方が,本章の内容をより深く理解できると思います。

▶ 保健室での活用を考えたきっかけ

　あるとき,養護教諭の方々と交流する機会があり,そこでいろいろとお話をさせていただいたことがきっかけで,保健室における子どもとの関わりで認知行動療法の手法を活用することの有要性を感じるようになりました。

　その議論の中で養護教諭の方々から,保健室に来室する子どもたちの特徴や,子どもたちへの対応で悩んだり困ったりしていることについて,次のような意見が出されました。

- 保健室で突然泣き出したり,大声を出したりする子どもが増えたように感じる。
- 「体調が悪い」と言って保健室に来るが,明らかな身体症状が見当たらない子どもが増えた。
- 教室に入れず,保健室登校をする子どもを受け入れている。

　ここから,最近は「保健室への来室理由がはっきりしない」,あるいは「自分が今どういう状態で,どういうことで困っているのか,きちんと表現することができない」子どもへの対応に,養

護教諭が苦慮しているといった状況が浮かんできました。

　以前であれば,「頭痛がする」「お腹が痛い」などの身体的な症状の訴えがはっきりある子どもや,けがをした子どもなどが保健室を利用するということがほとんどでした。ところが最近は,そういった身体症状がはっきりとあるわけではなく,「何となくだるい」「クラスにいたくない」という理由で保健室を利用する子どもが増えています。

　そのような状況の中で,養護教諭の方々から,「身体症状への対処には慣れているけれど,こころの問題には,どう対応してよいかわからない」という声をしばしば耳にするようになりました。そうした声に対して,私たち認知行動療法教育研究会では,保健室での子どもとの関わりに認知行動療法の手法を活用していただくことを提案しています。

▶ 子どもの気持ち（気分や考え）に注目した関わり

　ところで,身体症状以外の問題を抱えて保健室に立ち寄った子どもや,"泣く""怒鳴る""いたずらをする""いじめる""暴れる"などの問題があるという理由で来室した子どもに対し,これまでどのような対応をされていたでしょうか。

　おそらく,多くの養護教諭の方々は,悩みを抱えてこころが落ち着かなかったりつらくなったりして保健室に来た子どもに対し,けがをして来室した子どもに「どこで転んだの？」「どうしてすりむいたの？」と尋ねるのと同じように,その「理由」を聴き出すことに力を注いできたのではないでしょうか。

　そうすると,「どうして泣くの？」「なぜ暴言を吐いたの？」「どうしていたずらをしたの？」「なぜ暴れるの？」といった質問を,来室した子ども本人に直接投げかけるといった対応になりがちになります。

　こうした質問に対して子どもが素直にその理由を話し,それによって子どもの身に起きたできごとや,子どもがそのような行動をとる理由を理解することができ,子ども自身も話をしたことで落ち着きを取り戻すことがあるかもしれません。

　しかし,「どうして」「なぜ」といった理由を問うような質問をされると,子どもは自分がさらに責められているように感じてしまうことが一般的です。子ども自身が自信をなくし,こころがつらくなっている場合であればなおさらそう感じやすいでしょうし,ときにはこころを閉ざしてしまうきっかけにすらなり得ます。

　ですから,こころがつらくなって来室した子どもに対して,「どうして」「なぜ」といった質問をすることには注意が必要です。

　では,けがや身体症状がはっきりあるわけではないけれど,悩みを抱えてこころが落ち着かなかったりつらくなったりして保健室に立ち寄った子どもに対しては,どのように対応すればよいのでしょうか。

　そうした場合に養護教諭の方々におすすめしたい対応として,子どもの気持ち（気分や考え）に注目した関わり方を紹介します。

　つまり,こころがつらくなったその原因よりも,様々な訴えをしているときの子どもの気持ち

を聴くことに重点を移した対応です。そうすることで，子どものこころを理解しやすくなり，信頼関係が生まれやすくなります。

▶ より適切な対応が可能な次の相手に"つなぐ"という役割

保健室は，多くの子どもたちが入れ代わり立ち代わり出入りして利用する所です。養護教諭は保健室という限られた空間で，しかも限られた短い時間の中で，つらい気持ちを抱えている子どもたちに対応しなければなりません。

さらに，そこで解決できない場合，養護教諭はより適切な対応をおこなうことが可能と思われる次の相手に"つなぐ"という大切な役割を担うことになります。そのときに，つないだ先の相手が手助けしやすいようにしてつなぐことができれば理想的です。

養護教諭が次につなぐその相手は，その子どもの担任やその子どもが所属する部活動の顧問，スクールカウンセラー，その子どもと仲のよい友達，その子どもの家族，そして医療機関などです。

つないだ相手がスムーズな対応をおこなえるようにするためには，子どもの状態を的確に把握し，"子どもの立場に立った"確かな情報を相手に提供できるようにしておくことが大切になります。

子どもが抱えるこころの問題について第三者に情報提供する際には，「子どもがどんな気分でいて，どう考えているのか」「どう思ってつらくなっているのか」といった，"子どもの声（主観）"を大切にした情報を伝えることが重要です。ですから，「こころの問題がどこからきているのか」「なぜそうした問題が起こったのか」といった原因を把握して伝えることは，子どもの声を伝えた後でよいのです。

"子どもの立場に立った""子どもの気持ちに寄り添った"情報を次につなぐ相手に伝えると，受け取った相手は初めからその子どもの気持ちに寄り添って関われるようになります。すると，スムーズに信頼関係が形成されます。

一方，子どもは，自分に関わる人たちがみんな自分を理解しようとしてくれていると感じて，こころを開くようになります。

さらに，子どもの抱えるこころの問題に対して養護教諭が果たすべきもう1つの役割に，その子どもに対して中心的な責任を担い続ける担任や子どもの家族と，そしてときには主治医（医療機関）や福祉（行政機関）の担当者たちと，その後も必要に応じて協力体制をとることがあります。

役立つ情報は，人と人とをつないでいきます。ですから，養護教諭の方々には，本章を通して悩みを抱えてこころが落ち着かず苦しんでいる子どもを理解するコツをつかんでいただくとともに，担任や保護者，医療機関との連携関係を築き，これからの業務に役立てていく方法を身につけていただきたいと思います。

2 こころがつらくて保健室に訪ねてきた子どもとの関わり方

▶ 子どもが体験した気分に注目して話を聴く

　認知行動療法では，「気分や行動は，そのとき浮かんだ考え（自動思考）の影響を強く受ける」という原理を用いてこころを整理していきます。その原理をもとに養護教諭は，子どもの話を聴きながら悩みを「できごと」「考え」「気分・行動」の枠組みで整理して把握していきます。それによって，重要な情報が盛り込まれた申し送りサマリーを作成することができます。

　そのような接し方をすれば，悩んでいる子どもも，自分の「気分」と「考え」を客観視できるようになります。そうすると，ずいぶんとこころが楽になってきます。

　そこで次に，つらい気持ちを抱えている子どもに養護教諭が関わるときに，どのように認知行動療法の手法を活用すればよいか具体的にみていきましょう。

　こころがつらくなって保健室を訪れた子どもに関わるときにはまず，「何があったのか」と，その状況について子どもに尋ねることから始めるようにします。

　そのときには，子どもが体験した「気分（感情）」に注目して話を聴くようにして下さい。つまり，その状況の中で子どもが感じていた気分に注目しながら耳を傾け，その時々の気分を適宜子どもに投げ返していくようにします。

　例えば，「それはがっかりしたね」「とっても腹が立ったでしょう」「先生からみると心配になるけれど，あなたはどう？」といった具合です。

　そのためには，気分をあらわす言葉をふだんからいくつか用意しておいて（p.66参照），"そのとき"子どもが感じた気分に近い表現を推測して，投げかけるようにしましょう。

　こうした会話のやり取りによって，子どもは「先生が自分の話を聴いてくれている」と実感できます。そのためにも，子どもが感じていた気分を確実にキャッチして投げ返すとともに，言葉で表現されていなくても子どもが体験したと思われる気分を推測して伝えてみて下さい。

　たとえその推測が間違っていたとしても，それはそれで構わないのです。その場合には，子どもの方から「ちょっと違う」と言って，より詳しく話してくれるでしょう。大切なのは，そうした気分のキャッチボールを自由にやり取りできる関係性です。

　ここで，気分に注目した子どもとのやり取りの具体例を示します。

事例9

　中学2年生のHさんは，バレー部に所属しています。何やら悩みを抱えた様子で，保健室に訪ねてきました。

　Ｈさん：昨日，部活でレギュラーメンバーの発表があったんです。私は落ちてしまって。
　養護教諭：そうなの。それは，<u>がっかりしたね</u>。

Hさん	：はい，でも，それだけじゃないんです。私より後に入部したMさんはレギュラーに入って。
養護教諭	：あら，それはくやしかったでしょう。
Hさん	：ええ，でも，Mさんが私よりがんばっていたり，技が優れていたりするのであれば，むしろ仕方ないという気持ちになると思うのですが…。なんかちょっと腹の虫がおさまらないというか…。
養護教諭	：自分よりうまいわけでもないと思っていた人が選ばれたら，腹も立つよね。
Hさん	：そうなんです。なんか，複雑な気分で。まいっちゃって…。
養護教諭	：気持ちをどこにもっていったらよいかわからなくなって，少々混乱しているのかしら。
Hさん	：はい，そんな感じで…。
養護教諭	：それは，大変だったね。

　このように聴き手（養護教諭）は，子どもがつらくなった「原因」ではなく，様々な訴えをしているときの子どもの「気分」を聴き取ることに重点を移すことがポイントです。

　小学校低学年など年齢が低い場合は，本書に付属している教材の「気分3兄弟」（図7-1）を保健室に用意しておいて，気分を尋ねる際に利用するとよいでしょう。

　それから，もともと口数が少ない子どもや緊張している子ども，あるいは養護教諭やそもそも教師そのものに対して警戒心をもっている子どもの場合は，細かい事情を聴き出そうと急がない

図7-1 気分3兄弟

ようにして下さい(**事例10**)。

　そのような場合は，子どもが体験したつらい気持ちを共有するだけでよいのです。それが子どもにとってこころが楽になるきっかけになったり，信頼関係を築くきっかけになったりします。

　そのうちに，子どもの方から話してくれる日が，やって来るでしょう。

事例10

中学3年生のS君は，無言でふらっと保健室に顔を出しました。

養護教諭：あら，S君，どうしたの難しい顔して。なんかつらそうだね。
S　　君：……ちょっと。
養護教諭：そう，生きてるといろいろあるものね…。
S　　君：…………。
養護教諭：ま，授業が始まるまで10分くらいあるから，それまでちょっと休んでいきなさい。
S　　君：…………ええ。
養護教諭：先生ここにいるから，何か用事があったら声かけてね。

▶ その気分とともにある子どもの考えを把握する

　ここまでの会話のやり取りを通じて，子どもがどのような気分を体験したか把握することができました。

　次のステップでは，そのような気分を体験したときに子どものこころの中にどのような「考え」が浮かんでいたかを把握していくようにします。このときに，子どものこころに浮かんだ考えの中には，言葉に出して語られるものもあれば，そうでないものもあるということを理解しておくことが大事です。

　子どもが状況を説明するために話した言葉の中から，「考え」を逃がさずキャッチするコツについて説明しましょう。

　通常，「何があったのか」という状況を説明するその語りの中には，事実だけでなく，語って

いる人の意見や考えが入っています。**事例9**（p.159）では，気分に注目するということをわかりやすく説明するために，子どもが感じた気分を聴き手が投げ返しているところだけをクローズアップして示しました。

　ここで，もう一度事例9をよく読み返して，会話の中にすでに子どもの考えが入り込んできているのを確認してみましょう。その会話の中で，子どもの考えに相当するものはどれでしょうか。チェックしてみて下さい。

　いかがでしょう。Hさんの考えが把握できたでしょうか。

　「でも，Mさんが私よりがんばっていたり，技が優れていたりするのであれば，むしろ仕方ないという気持ちになると思うのですが…」が，Hさんの考えに相当します。

　つまり，言葉を補って整理すれば，Hさんとしては，「Mさんが私よりがんばっていたり，技が優れたりしているわけではないので，Mさんが選ばれて私が選ばれないのは納得がいかない」ということになります。

　では，言葉ではっきりと表現されてはいないけれども，子どもが何を考えているのかを把握するには，どのようにすればよいのでしょうか。

　それには，ここまでに把握した「子どもが体験したつらい気分」を手がかりにして，その背後にある「考え」を推測するようにするとよいでしょう。「気分とそのとき浮かんだ考え（自動思考）は，強く影響し合っている」という，認知行動療法の原理を用いるのです。

　例えば，Hさんは「レギュラーメンバーに選ばれず，がっかりして，くやしかった」ようですが，どのように考えて，「がっかりして，くやしい」気分になったのでしょうか。

　おそらく，「レギュラーになれなければ，部員として価値がない」とか，「自分は，レギュラーになれないダメな部員だ」と考えているのだろう，と推測できます。こうした考えが，部活動だけでなく，さらにHさんの生活の他の領域にまで及んでしまい，すべてにおいて「自分は，ダメな人間だ」と思えて，すっかり気落ちしているかもしれません。

　聴き手である養護教諭は，そうした考えをHさんが抱いているかもしれないと推測しながら，それを確認するためにHさんに優しく問いかけてみます。

　その際，聴き手が推測した子どもの考え（「レギュラーになれなければ，部員として価値がない」「自分は，レギュラーになれないダメな部員だ」「自分は，ダメな人間だ」）を，初めからそのまま子どもに投げかけて確認する方法は，なるべく避けるようにして下さい。

　「何があったのか」を説明する子どもの話の中に，本人の考えが言葉として明確に入り込んでいないとすれば，本人が自分の考えをはっきり自覚できていないことが多いからです。

　そのような状態のときに，聴き手が推測したことを子どもに投げかけると子どもはそれが腑に落ちず，勝手に決めつけられたと感じて反抗したくなったりすることにもなりかねません。

　ですから，そのできごとがその子どもにとってどういう意味があるのか子ども本人に尋ね，本人が自ら考えて語れるようにすることを大切にして下さい。

　もちろん，その子どものことをよく理解していて十分な信頼関係ができていれば，「またあなたは，自分はダメな人間だなあって思っているんじゃないの？」などと問いかけてみて，反応を

> 子どもの「考え」を聴くための問いかけ方の例（事例9をもとにして）
> ●基本の形
> 　　それはがっかりしたね（気分）。
> 　　レギュラーになれなかったこと（がっかりした気分のきっかけになった事実）は，
> 　　Hさんにとってどういうこと（Hさんがどのように考えてがっかりしたか）なのかしら？
>
> ○自然な会話の例
> 　　それは残念だったね。
> 　　レギュラーになれないとわかって，
> 　　Hさんはどう思ったの？
>
> ×望ましくない例
> 　　それはがっかりしたね。
> 　　レギュラーになれなかったことで，
> 　　自分はダメな部員だと思っているのかな？
> 　＊これは，聴き手が推測した子どもの「考え」を，初めから伝えてしまっています。

みるという方法も考えられるかもしれません。

　子どもが自分のいろいろな考えを自覚しているにもかかわらず，それについて語らないという場合は，信頼関係が十分に構築できていないことがその理由として考えられます。その場合には，信頼関係を築くチャンスがあれば，それを逃さず徐々に関係づくりをしていくようにします。

　このようにして保健室を訪れた子どもたちのこころの状態について，ふだんから「気分」とその気分のもとにある「考え」に注目して把握する習慣をつけるとともに，そこで把握できた内容を記録していくようにするとよいでしょう。その記録は，他の人へ情報提供する必要が生じた際，大いに役立ちます。

　ここまで，こころがつらくなって保健室を訪れた子どもと関わるときに，認知行動療法の手法をどのように取り入れていけばよいか，そのポイントを紹介してきました。

　まずは，子どもの現在の気分を確認することから入っていき，その気分と関係している状況（何があったか）で子どもが体験した気分を把握することに重点を置いて質問していきます。さらに，子どもの語りの中から，その子どもの考えをキャッチするようにします。

　この方法によって，つらい気持ちを抱えた子どものこころをより確実に理解できるようになります。

3 次の相手に"つなぐ"ために必要な情報

　ここまでの会話のやり取りによって，子どものこころが楽になり，元気を取り戻すことができればそれに越したことはありません。

　しかし，悩みが深く，養護教諭による限られた時間の中での対応だけでは対処しきれない場合も少なくありません。そうした場合には，その子どもに必要とされる対処ができる，次の相手に"つなぐ"必要がでてきます。その際に欠かせないのが，その子どもに関する「情報」です。

　ここまでの子どもとのやり取りですでに，「状況（できごと）」「考え」「気分」に整理しながら話を聴いていますから，それらをまとめることによって，次につなぐ相手にその子どもの状況をわかりやすく伝えることができます。

申し送り情報のまとめ方の例1（事例9をもとに）
　〇年〇月〇日　　　Hさん（2年〇組）
　5時間目終了後に，1人で来室。
　昨日，バレー部でレギュラーのメンバー発表があり，そこからはずれてしまったことに対して，バレー部の部員として自分は価値がないと考え，落胆している。しかも，Hさんは，レギュラーメンバーに選ばれたMさんのことを，自分（Hさん）よりも特に優れていると思えないので，彼女が選ばれて自分が選ばれないのは納得がいかないと思って腹も立ち，複雑な思いでいる。

　一方，会話のやり取りの中で子どもが自身の「考え」までは語らなかった場合には，以下のように，そのときの状況や子どもの気分をまとめておきましょう。

申し送り情報のまとめ方の例2（事例10をもとに）
　〇年〇月〇日　　　S君（3年〇組）
　昼休みの終わり頃，1人で来室。
　うかない顔をしており，「つらい」と述べていた。
　昼休みの終わりまで10分ほど保健室で休憩し，教室へ戻った。

---

4 子どものこころを"見守る"保健室の役割

　保健室には，病気やけがで訪れる子どもへの対応，健康診断の準備やその管理への対応といっ

た従来の業務以外にも多くの仕事があります。最近では，健康教育推進のための企画や啓発などの活動，さらには思いがけない事態に困っている子どもやクラスに入れない子どもへの対応などといった役割も求められています。

　まさに，学校において健康管理をつかさどるステーション的な役割を担っていると言えるでしょう。

　子どもたちが，ちょっとしたストレスを感じ，立ち止まりたくなって保健室に訪れる。限られた時間の中で養護教諭が関わり，それでまた子どもが元気を取り戻し，前を向いて歩き出すことができるとしたら，何とすばらしいことでしょう。

　本章では，学校における保健室の役割を考えながら，保健室でできる認知行動療法の手法を生かした子どものこころへの関わり方を紹介しました。

　保健室が医療機関などと大きく違うところは，そこにいる養護教諭は，ふだんの学校生活の中にいる子どもに自然な形で接することができるという点でしょう。担任を含めた教師や保護者と一緒に子どもたちのこころを見守る一員として，養護教諭が直接子どもに関わり，こころの状態を理解して記録し，その情報をしかるべき次の相手につなぐこともできます。

　そのような大人たちがいる環境の中で生活を送ることによって，子どもたちは「守られている」という安心感と学校への信頼感をもつことでしょう。保健室と学校関係者の連携した対応がうまく機能することが，子どもたちのこころをはぐくんでいくのです。

第8章 認知行動療法の手法を活用した学校での相談活動

1 学校での相談活動に活用するメリット

▶スクールカウンセラーに認知行動療法を紹介しようと思ったきっかけ

　私たち認知行動療法教育研究会は，教育関係者向けのワークショップを各地で開催しています。参加者のおよそ3割は，臨床心理士をはじめとしたスクールカウンセラーの方々です。そうした方々からはしばしば，「学校での相談活動で使える認知行動療法を学びたい」という要望が寄せられるということもあり，本章を設けることにしました。

　本書の第Ⅰ部では，認知行動療法の原理全般や基本的な技法について説明をおこなっています。そこでは，読者自身に使用していただくという目的で「コラム法」を紹介しています。まずは第1章（特に，コラム法の説明を含むp.7～p.12）に目を通して，認知行動療法に関する基本的な知識を理解してからの方が，本章の内容をより深く理解できます。

　本章では，相談室におけるふだんの相談活動に認知行動療法の手法を取り入れることができるように，第Ⅰ部とタイアップさせながら認知行動療法について簡単に説明した後，相談場面の例を使って具体的に解説していきます。

　現在は，スクールカウンセラーをはじめとした子どものこころを扱う専門職の方が学校に配置されています。そして，学校の相談室は，子どもたちが何かのきっかけでこころがつらくなったときに駆け込む所です。

　スクールカウンセラーの方々が，日頃の相談活動の中で認知行動療法の手法をうまく活用して，子どもたちの気持ちが明るくなるきっかけをつくっていっていただければ，何よりうれしいことです。

▶相談室の役割と認知行動療法

　認知行動療法は，この数年で急速に普及が進み，医療の現場でさかんに用いられるようになった精神療法です。特に，抑うつ気分や不安感を改善するには，有効な手段です。

　そして，うつ病など精神疾患だけではなく，病的な"症状レベル"に達していない段階，例えば「うつ病まではいかないけれど，最近，気分が沈みがち」であるとか，「心配ごとを抱えている」といった日常のストレスに対しても，その効果は十分に期待できます。つまり，認知行動療法は"ストレスに上手に対処するためのツール"として，とても有用なのです。

　相談室の役割は，子どものこころを軽くすること（ストレスの軽減）です。ですから，認知行

動療法を用いれば，その役割を果たすことができます。もちろん，病的な"症状レベル"に達しているると判断された子どもの場合は，医療機関への受診をすすめるべきでしょう。そのような場合でも，医療機関のスタッフが，学校での子どもの様子を詳しく知ることはなかなか難しいことです。

したがって，医療機関へつなぐ必要があるような子どもの場合でも，スクールカウンセラーが医療機関と連絡をとり合い，主治医からのコメントを参照しながら学校の相談室での相談活動を続けられるのが理想です。

認知行動療法は，医療機関を中心に普及が進んでいる心理的支援法です。ですから，医療機関との連携中に，スクールカウンセラーが学校での相談活動で認知行動療法の手法を用いると，連携がスムーズになり，相談活動の質や効率がさらに改善することが期待できます。

また，子どもが抱えている悩みを聴いていくうちに，子どもの置かれている"環境"にも問題があるということがわかってくる場合もあります。そのような場合でも，認知行動療法の手法は非常に有用です。

というのも，認知行動療法は，まず子どもと話し合いながらこころを整理し軽くした上で，問題解決技法を使って問題となっている環境に働きかけるような流れになっているからです。この点については，本書の第2章を参照して下さい。

▶ コラム法を活用した相談活動のすすめ

本章では，第1章で紹介したコラム法を学校の相談室における相談活動の中で活用するために，具体的な対応の仕方を紹介していきます。

コラム法は，「考え（認知）」のバランスをとるために用いる「認知再構成法」と呼ばれる認知行動療法の技法の1つです。落ち込んだり，不安になったりしたときに，そうした気分に強い影響を与えている考え（自動思考）を特定し，新たな視点（考えや行動）を導き出す手助けをしてくれるものです。

それによって，視野が広がり，こころが楽になるきっかけが生まれます。視野が広がり，こころが楽になると，人間は，自分が抱える問題の解決に向かって次の一歩を踏み出すことができるようになります。

コラム法の使い方は，大きく分けて2つあります。1つは，コラムの順番にしたがって子どもの話を聴き出していくという方法です。もう1つは，話を聴きながら子どもの目の前で順番にコラムに記入していくという方法です。

コラム表に設定されているコラムの順番は，何か困ったことが起きた場合に，ふだん私たちが「考え直して」「気をとり直して」，前へ進むときのこころの動きと同じ流れになっています。ですから，その順番にしたがって子どもの話を聴き出していくと話の流れがスムーズなので，話す側の子どもにとっても話しやすくなり，聴き手であるカウンセラーにとってももれなく順序立てて子どもの悩みを聴くことができます。

そうすれば，悩みを抱えて相談に訪ねてきた子どもの考え（もののとらえ方）の視野を広げたり，

変化させたりするプロセスに入っていきやすくなります。

　また一方で，カウンセラーが子どもの話を聴きながら，聴き出した情報を子どもの目の前でコラムに記入していくようにすると，子どもと共有している情報を確認することができます。さらに，目の前のコラムの流れにしたがって自分の悩みについてカウンセラーと一緒に考えていくことによって，子ども自身が，つらい気持ちを乗り越えていくプロセスを学習することができるというメリットもあります。

　面接をするに当たって，その子どもにどちらの方法を用いるかは，タイミングと目的によって決まってきます。

　つらい気持ちを乗り越えるための思考プロセスを学習し，カウンセラーの援助がなくても自分1人でこころの整理ができるようになってほしいとカウンセラーが考える子どもには，一緒にコラムを埋めていく作業をするとよいでしょう。

　それから，コラム法を用いて一通り話し合った後に，記録を残しておいた方がとよいと考えられる重要なポイントだけをコラムに記入しておくという方法もあります。

　認知行動療法を活用した相談活動を始めて間がなく，コラム法の流れに慣れていないカウンセラーの場合，コラム表を子どもの目の前に出して，その順に話を聴いてコラムを埋めていくと安心して相談活動をおこなうことができるかもしれません。

　このように，コラム法は相談活動の際のガイドとして活用することができます。

2　コラム法を活用した相談活動の実践のために
　　〜これから自分の相談スタイルをつくっていこうというみなさんへ〜

▶ 5つのコラム

　ここでは，"5つのコラム"（表8-1）を使っておこなうコラム法を紹介していきます。これは，第1章で紹介した"7つのコラム"（p.7）の，「④根拠」と「⑤反証」を単に省略したものです。

　7つのコラムか，5つのコラムかのどちらを使うかは，使い手の好みにもよります。子どもと一緒に子どもの目の前で記入することを考えた場合，5つのコラムの方が見た目がシンプルで受け入れられやすいだろうと考え，ここでは5つのコラムを用いたコラム法を紹介することにしました。

　では，「昨日，部活動の時間に先輩のTさんに挨拶をしたが，無視された」というできごとをきっかけにこころがつらくなって相談室に訪ねてきたJ君の事例を使って，具体的に考えていきましょう。

①「状況」を記入する　〜どのようなことが起こったか〜
　こころがつらくなるきっかけとなった「できごと」を具体的に切り出して，簡潔に書き出していきます。

表8-1 5つのコラム（J君が記入したもの）

①状況	●どのようなことがありましたか（具体的に）。 昨日の部活動の時間に，先輩のTさんに挨拶したのに，無視された。
②気分	●どのような気分を強く感じましたか。 ゆううつ　80点　　イライラする　70点
③思った／考えたこと （自動思考）	●そのとき，どのようなことを思いましたか。 ・私は，T先輩に何か失礼なことをしてしまった，できそこないの後輩だと思う。 ・私は，T先輩は，私を嫌っていると思う。 ・私は，今後，この部に自分の居場所はないと思う。
④現実的な思考／適応的思考	●③の「考え」をふり返って検討した，バランスのとれた考え方は。 ・そういえば，T先輩はそのとき忙しそうだった（事実）から，僕の声が聞こえなかったのかもしれない。 ・3日前の練習試合の後，T先輩からとてもよいアドバイスをもらったのだから，嫌われて，無視されているわけではない。 ・T先輩自身が，何か別の理由で機嫌が悪かったから，人と話したくなかっただけかもしれない。
⑤気分の変化	●②で記入した気分は，どのように変化していますか。 ゆううつ　50点　　イライラする　30点

例えば，「昨日の部活動の時間に，先輩のTさんに挨拶したのに，無視された」のように，具体的な1つの場面を，マイナスの気分が高まった瞬間を中心に切り出すことがポイントです。

②「気分」を記入する　〜どういう気分を感じたか〜

次に，そのとき感じたマイナスの気分について，その"種類"と"強さ"を書き出します。

例えば「ゆううつ　80点　　イライラする　70点」となります。

"種類"は，表8-2を参照しながら感じた気分をすべて選びます。当てはまる気分が表の中にない場合には，自分でその気分を表現してみて下さい。その際のポイントとして，気分は1つの単語で表現できるものだと考えるとよいでしょう。

"強さ"は，それぞれの気分について，これまでで一番強くその気分を味わったときのものを100点として，それと比較して今回感じた強さを点数であらわします。

③「思った／考えたこと（自動思考）」を記入する　〜どのような考えが浮かんだか〜

②で書き出したマイナスの気分を感じたときにこころの中に浮かんだ考え（自動思考）を書き込んでいきます。自分のマイナスの気分に関係している（自分をマイナスの気分にさせた）考えを書き出すようにするとよいでしょう。

相談者である子どもが，このような方法でこころを整理していくことに慣れていない場合には，考え（自動思考）がなかなか出てこないことがあります。そのような場合には，次のような質問を子どもに投げかけてみると出やすくなります。さらに，ここで大切なことは，子どもがリラックスできるような雰囲気をつくるようにこころがけるということです。

・あなたは，自分に対して，どのように考えましたか（思いましたか）。
・あなたは，人（周囲の人，誰か他の人）に対して，どのように考えましたか（思いましたか）。
・あなたは，将来に対して，どのように考えましたか（思いましたか）。

事例におけるJ君の立場で考えてみると，例えば，「私（J君）は，T先輩に何か失礼なことをしてしまった，できそこないの後輩だと思う」「私（J君）は，T先輩は，私を嫌っていると思う」

表8-2　気分をあらわす言葉の例

・落ち込む　・うつうつする　・ゆううつだ　・悲しい
・傷ついた　・絶望的だ　・がっかりした　・ブルーだ
・不安　・心配だ　・緊張する　・怖い　・やばい
・おびえている　・パニくる　・神経質になっている
・腹が立つ　・むかつく　・イライラする
・もやもやする　・うらやましい　・混乱する　　など

「私（J君）は，今後，この部に私（J君）の居場所はないと思う」となります。

自分がそのように考えている（思っている）のですから，コラムに書き出すときは必ず，「私は，……思う」という表記にします。

④「現実的な思考／適応的思考」を記入する　〜考えをふり返って検討した，バランスのとれた考え方は〜

ここから，考え（自動思考）をふり返って検討し，適応的思考に切りかえるステップに進みます。

自分のマイナスの気分にもっとも強く結び付いている考え（自動思考）を取り上げて検討することが，重要なポイントになります。

そこでまず③で記入した考えの中から，自分のマイナスの気分にもっとも強く関係している考えを1つ選んでアンダーラインを引きます。

アンダーラインを引いたら，その考えについて検討して，適応的思考を探していきます。

以下に，適応的思考を導き出すためのコツを挙げました。

a. アンダーラインを引いた考えと相反する事実や経験を"現在"の状況の中から探しながら，自分の考えを見直してみる。

b. アンダーラインを引いた考えと相反する事実や経験を"過去"の経験や見聞の中から探しながら，自分の考えを見直してみる。

c. アンダーラインを引いた考えと相反することが"将来"起きそうかどうか考えながら，自分の考えを見直してみる。

d. 友達がアンダーラインを引いたものと同じような考えを抱いていた場合，あなたはその友達にどのような言葉をかけるだろうか考えながら，自分の考えを見直してみる。

e. アンダーラインを引いた自分の考えを親友に打ち明けたら，その親友はどのような反応を示すだろうか考えながら，自分の考えを見直してみる。

f. 自分の力だけではどうしようもない事柄についてまでも自分を責めていないだろうか点検しながら，自分の考えを見直してみる。

例えば，③で書き出した考えの中から，「私は，先輩は，私を嫌っていると思う」が，J君の"ゆううつ"や"イライラ"という気分にもっとも大きな影響を及ぼしていると判断した場合，それについて「事実」や「経験」をもとに適応的思考を探してみます。

aでは，「そういえば，T先輩はそのとき忙しそうだった（事実）から，僕の声が聞こえなかったのかもしれない」となります。

bでは，「3日前の練習試合の後，T先輩からとてもよいアドバイスをもらった（事実）のだから，嫌われて，無視されているわけではない」と見直すことができるでしょう。

そしてd，e，fからは，例えば，「T先輩自身が，何か別の理由で機嫌が悪かったから，人と話したくなかっただけかもしれない」というものが考えられそうです。

もし，③に記入した「私は，今後，この部に自分（J君）の居場所はないと思う」という考えを

選んだ場合には，次のようになります。

bでは，「今までにも部員と揉めたことがあったが，居場所がなくなることはなく，そのうちに揉めごとも解決したことが数回あったから，今回も大丈夫だろう」となります。

あるいは，cでは「1か月後の合宿にはみんなで行くことになっている。そのとき，T先輩と一緒の部屋に泊まることになっているから，少なくとも合宿場で居場所がないということはない」などが考えられるでしょう。

⑤「気分の変化」を記入する　〜気分が変化したか〜

②で記入したそれぞれの気分について，④まで書き終えたときに感じた気分の"強さ"を書き込みます。ねらいはもちろん，②で書き込んだ気分が，「適応的思考」まで書き終えたときにどのように変化しているか，子ども自身があらためて認識できるようにすることです。

多くの場合，少しの変化も含めて，より気分が楽になっていることでしょう。人間は，少しでもこころが落ち着けば，問題解決的な志向や態度をとることができるようになります。

しかも，コラム法を活用することで気分が楽になったということは，単なる励ましだけではなく，自分のこころや自分の置かれている状況に対して客観的な視点から考えることができるようになっていると言えます。つまり，"問題解決モード"に入っていきやすい状態になっていて，自分が抱えている問題をどうしたら解決できるか，建設的な意見を導き出しやすくなっているのです。子どもが"問題解決モード"に入れば，そこからは問題を解決するにはどのような工夫をするとよさそうか，具体的な解決策について子どもと一緒に考えていくようにします。問題解決の手順については，第2章で解説していますので参考にして下さい。

3　それぞれのコラムを活用した相談活動
　　〜すでに自分の相談スタイルをもっているみなさんへ〜

ここまで，認知行動療法の手法を取り入れた相談活動にまだ慣れておらず，自分なりの相談スタイルができていない人のために，コラムの順にしたがって相談を進めていく練習ができるように説明しました。

ここからは，すでに自分の相談スタイルをもっているスクールカウンセラーの方々に向けて，日頃の相談活動の中に認知行動療法の手法を取り入れるにはどうしたらよいか説明していきたいと思います。具体的には，コラム表にあるそれぞれのコラムを活用した相談活動を取り上げ，実例を示しながらそのポイントを解説していきます。

①「1つ目のコラム：状況」を重点的に聴くことから始める
　〜何があったのか（できごと）を詳しく聴くだけで，こころが軽くなることがある〜

子どもがつらくなったきっかけの「できごと」について，話を聴いていきます。スクールカウンセラーは，質問をうまく使うことで子どもに何が起こったのか，具体的にありありと理解でき

るまで詳細に傾聴するつもりで臨みましょう。

　実際に子どもが話す内容には自ずと，生じたできごとそのものと当事者である子どもや周囲の人々の意見や考えの両方が，絡まり合って出てきます。

　そのような場合に，聴き手は子どもの話を聴きながら，「○○（具体的なできごと）だから，□□（考え）と思ったんだね」というように，その内容を整理して子どもに聴き返し，「事実（できごと）」と「子どもの考え」を切り分ける作業をしていきましょう。なお，この「子どもの考え」とは，③で検討する「自動思考」に相当します。

　では，先ほどのJ君の事例を題材とした，実際のやり取りをみていきましょう。

事例11

　J君は，「昨日，部活動の時間に先輩のTさんに挨拶をしたが，無視された」というできごとをきっかけにこころがつらくなって，相談室に来ました。

J　　君：私は先輩に嫌われたかもしれません。

カウンセラー：最近，そう思えるようなことが何かあったの？

J　　君：昨日，部活の練習が始まる前に「今日もお願いします」と挨拶したのですが…。先輩からは返事がなくて…。

カウンセラー：どこで（場所）起きたできごとなの？

J　　君：運動場のサッカーのゴールネット近くです。

カウンセラー：周りには何人ぐらいの仲間がいたの？

J　　君：5人ぐらい，いたと思います。

カウンセラー：大きい声で挨拶したんだよね。

J　　君：相手には聞こえるぐらいの大きさだったと思います。

カウンセラー：へぇ。さすがスポーツ選手って感じだね。いつも，そうやって挨拶をするの？

J　　君：こんな風に挨拶することは少ないです。僕は，先輩に憧れていて，この日は自然に言葉が出た感じです。

カウンセラー：なるほどね。さわやかな話だね。挨拶への返事がなかったとき，その場の雰囲気で，特に変わったことはあったかな？

J　　君：特に，これといって変わったことはなかったと思います。その後すぐに練習に入りました。

カウンセラー：では，そのできごとが気になり始めたのは，いつから？

J　　君：帰宅してから，部活動のことをふり返ったときに，<u>自分は，挨拶をするタイミングがおかしかったのではないか，先輩に失礼だったのではないか</u>と思い始めたのです。

カウンセラー：家に帰ってから思い出したんだね。君が挨拶をして無視されたので，挨拶したタイミングが失礼に当たったのではないか，と心配になったわけだね。し

> かし，今，具体的に話してくれた内容の中では，少なくとも厚かましいとか失礼だとか，先輩が感じるような行動はとっていないように思うけれども。どうだろう？
>
> J君：そうですね…。そうか，そうですね。挨拶しただけですものね。

このように，"何があったのか"，状況を詳しく聴いていくだけでも，子どもはそのできごとについて「少々気にし過ぎていたのかもしれない」ということに気づき，気分が少し楽になるということがあります。

② 「2つ目のコラム：気分」を重点的に聴くことに努める
～子どもの気分に注目しながらコミュニケーションをとる～

中学生の年頃は，大人が声をかけるにも少々考えてしまうほど難しい時期です。「小学生の頃はよく話す子だったのに，中学生になってから何も話してくれなくなった」と嘆くご両親はめずらしくありません。

気軽なコミュニケーションをとることが難しいような中学生と交流する際は，その関わりが短時間で終了してしまい，具体的な事情を聴くところまでたどり着かないかもしれないことを念頭に置いて接しましょう。

そうしたときには，子どもの「気分」に注目した関わりをすると効果的です。何に悩んでいるのかその内容を把握できなくても，子どもの気分が悪いのか悪くないのか，可能であればもう少

し突っ込んで，"悲しい"のか"くやしい"のかなど，子どもがそのとき感じている気分を把握することで，子どものこころの状態への理解が深まります。

　本書に付属している教材の「気分3兄弟」（p.161）を手元に用意しておいて，「今の気分はこの3つのうちどれ？」と，気軽に尋ねてみるようにするのも1つのよい方法です。

　このような関わりによって子どもは，自分を気づかってくれる大人がいることを感じて，カウンセラーや学校そのものに対する安心感や信頼感が生まれることもあります。子どもの中に，カウンセラーに対する安心感や信頼感が生まれると，その後，徐々にコミュニケーションが深まっていきます。

　そうした関係を構築した後に，①で説明した流れでつらくなるきっかけとなったできごとを具体的に聴き出すようにすれば，子どもの気分が楽になるきっかけが生まれます。

　子どもが自分の意志で相談室に来た場合でも，カウンセラーとの間に関係が構築できていない初期の頃は，子どもの緊張がほぐれないことがよくあります。

　そのような場合には，「気分3兄弟」を活用するなどして，「今は少し緊張しているかな？」「今日はどんな気分で過ごしているの？」「何か，悩んでいるの？今，どんな気分？」などと話しかけて，子どもの意識を自分の「気分」に向けるようにします。

　そうすると，子どもの緊張感がほぐれてきて，こころがつらくなったときの様子を思い出しやすくなり，自分が話したい内容をわかりやすく説明することができるようになります。

　ときには，子どもの母親が1人で相談室に訪ねてくる場合があります。そういった場合でも，「お母さんも，ご心配が続いて大変ですね」などと，母親自身の気分を確認するところから会話を始めると，カウンセラーの母親に対する気づかいが伝わります。

　また，「お子さんとの関わりで，どのようなときにこころがつらくなられますか」と問いかけることによって，子どものことで相談するために来室したはずの母親の心配ごとが，実は母親自身の"子どもへの思い"から生じてきているということが明らかになることもあります。

　自分が気がかりになっていることを存分に話してもらった後に，「では，お子さんはその問題をどう考え，どんな気分でいると思いますか」と質問してみてもよいでしょう。すると，母親自身が一方的に「子どもは，自分と同じ」と思い込んでいたり，「自分の提案や意向が子どものために一番よい」と信じ込んでいたりしていたと気づくこともあります。子どもが自分（母親）と同じ考えや価値観をもっているとは限らないということに気づくのです。

③「3つ目のコラム：思った／考えたこと（自動思考）」を把握することに重きを置いて話を聴く

　"何が起こったのか"状況を尋ねることから入った場合も，気分に注目することから入った場合も，子どもがある程度まとまった説明をすれば，その話の中には子ども自身の「考え」（自動思考）が自然に入り込んでいます。

　ここでカウンセラーが子どもが抱えているつらい気持ちにもっとも強く関係している考え（自動思考）をつかまえることができれば，相談内容を"問題解決モード"へもち込むための方向性がみえてきます。

表8-3 自動思考を引き出すための質問の例

子どもの言葉	カウンセラーからの質問	子どもの口から語られた自動思考
ダメだ！	何がダメだと思っているのかな？説明してくれる？	私はダメな人間だと思う。
どうせ，無理・無理！	何が無理そうなのかな？もう少し具体的に教えてもらえるかな？	私には，○○なんてできっこないと思う。
どうしよう，仲間に入れるかな。	どんなことが心配なのかな？	私は仲間に入れないと思う。
△△さんも，□□はおかしいって，言ってたし…。	そうなんだね。それで，あなたはどう思っているのかな？	私も，□□は間違っていると思っている。
明日，試合のメンバーの発表がある。行きたくない（うなだれる）。	そうなんだね。行きたくない，と思ってしまう点についてもう少し話してもらえるかな？	きっと，自分はレギュラーメンバーになれないだろう。
中学を卒業したくないのです。	卒業したくない理由を聞いてもいい？	私は高校の授業についていく自信がないのです。きっと難しいに違いないから。

　自動思考を把握することは，相談を進める上で大変重要なポイントとなります。そのときに，子どもの自動思考が極端に否定的なものであったり，「そうに決まっている」「絶対」「みんな」というように，決めつけて考えていたりしないかどうかに留意するようにして下さい。そうした自動思考は，つらい気持ちに影響していることが多いものです。

　カウンセラーは，子どものそうした自動思考をつかまえ，それについて子どもと一緒に検討し，現実的でかつ極端に偏らないバランスのよい考え（適応的思考）ができるように手助けしていきます。そうすれば，子どものこころが軽くなってきます。

　自動思考は，子どもの発言の中に見え隠れします。ほんの一言だったり，つぶやきで終わってしまったりすることもよくあります。あるいは，クラスメートなど他の人の意見として語られることもあります。「やりたくない行動」だけ話して自分の考えを話さず，ただしょんぼりしている場合もあります。

　カウンセラーは，そういったヒントを逃さずにつかまえ，子どものもつ自動思考をある程度推測します。そして，子どもに質問を投げかけてもう少し詳しく説明するように促し，子どもの自動思考を引き出していくようにして下さい。

　質問する場合に「なぜ」「どうして」などの言葉を使うと，子どもを責め立てているような雰囲気になってしまいます。ですから，こうした言葉は使わないようにします。

　子どもの自動思考を引き出すための質問の例を，表8-3にいくつか挙げておきますので参考にして下さい。

　では，実際にどのようにすればよいのか，今度は，「これまで一生懸命，部活動に参加していたが，急に練習に行かなくなったR君」の例を取り上げ，具体的にみていきましょう。

事例12

カウンセラー：昨日は，1か月ぶりに部活に行ったんだね。久しぶりに活動してみてどうだった？

R　君：あんな練習をまだ続けているようでは，今シーズンも●●中学には勝てませんよ。だから，行くだけムダです。

カウンセラー：なるほど。いろいろ問題があるようだね。ところで，この前，あなたの学年では，クラス対抗合唱コンクールがあったよね。とても盛り上がっていたようだけど，あなたのクラスは何を歌ったの？

R　君：あぁ，ありました。「エーデルワイス」です。

カウンセラー：へぇ。きれいな曲だよね。どうやって，その曲に決めたの？

R　君：いや，男子は反対が多かったんですが，女子に押し切られた感じです。合唱部が5人もいたのに，3位だったんですよ。きっと，選曲が悪かったんだと僕は思います。

カウンセラー：そう，3位とはちょっと残念だったね。そもそも，あなたは，どんな曲がいいと思っていたの？

R　君：僕ですか？僕はそんなに知らないけれど，みんなで合唱するならもっと強弱がはっきりつけられて，全体的に元気な曲がよくないですか。「エーデルワイス」って，のばすところが多くて静かな曲だから…。

カウンセラー：なるほどね。男子の方にそんなにしっかりした意見があるのに，どうして女子に押し切られたのか知りたいね。よかったら教えてくれるかな？

　カウンセラーは，「合唱する曲を選ぶ際にクラスで意見が分かれた」ときの主観的体験を子どもが語れるように質問を投げかけています。このとき，その後で「部活動においても，意見が分かれることはあるのか」と，相談の本題である"部活動"の話題に戻していくことも想定しながら会話を続けています。

　もちろん，このように子どもの考えが出にくい場合は，①②で説明したように状況に重点を置いて話を聴いてみる，気分に重点を置いて話を聴いてみるという工夫も役に立つでしょう。

　コラム表を使うときに，一つひとつコラムを順に埋めていくだけでなく，このように①～③のコラムのうちのどれかを優先して重点的に話しながら相談活動を進めていくことができます。

　①～③のいずれかのコラムに相当する内容について重点的に話し合い，子どものこころが軽くなったようであれば，それだけでその日の相談を終了することもできます。またこのとき，カウンセラーがどのコラムを中心に話し合いをしたか自覚していれば，今後，認知行動療法の手法を用いた相談活動に応用していくことができます。

　本章をきっかけに，認知行動療法の本格的な個人カウンセリングをさらに勉強したいと思った

方は，次のホームページの情報を参考にして勉強を進めていって下さい（認知行動療法研修開発センター　http://cbtt.jp/，うつ不安ネット：こころのスキルアップトレーニング　http://cbtjp.net/）。

4　子どものこころを"整える"相談室の役割

　以上，認知行動療法の手法である5つのコラムの流れを利用して，学校の相談室で相談活動をする場合の例とそのポイントを示しました。

　コラム表は，「自分に何が起こったのか」について，整理して考え直すプロセスの順にコラムが並べられています。ですから，スクールカウンセラーがこの流れを意識して子どもの話を聴き出していけば，自然に，子どもに何が起こったのかを整理しながら聴くことができます。また，聴き手が話の内容を整理しながら聴くことができれば，話をしている子どもも自分のこころを整理できます。

　スクールカウンセラーは，まず何よりも相談に来た子どもに安心感と信頼感をもってもらえるように意識し，自由に何でも話しやすい雰囲気をつくることをこころがけましょう。

　その上で，子どもが相談したいと思っている"そのこと"にじっくり耳を傾けます。その際に，子どもの発言がどのコラムに当てはまる内容なのか分類しながら話を聴いていきます。子どもに質問するときも，どのコラムを埋めるために聴いたのかを自覚しておくとよいでしょう。

　コラム表を子どもの目の前に広げ，一緒に記入していくことで子どものこころが整理できるのであれば，そのような使い方もよいでしょう。

　本章を参考に，スクールカウンセラーの方々が，コラム法を大いに活用して日々の相談活動をおこなっていただくことで，1人でも多くの子どもに笑顔が戻ってくることを，こころから願っています。

おわりに

　本書は，精神疾患の治療法として効果が確認されている認知行動療法を学校現場に活用することを目的につくられたものです。このように書くと，「なぜ"療法"を学校教育で使うのか」といぶかしく思う方が少なくないと思います。

　その答えは，本書の中にあります。本をぱらぱらとめくっていただければすぐにわかっていただけると思いますが，ここに紹介されている内容に特別なものは何もありません。むしろ，私たちが日常していることばかりです。つらい気持ちになったときにちょっと立ち止まって，考え過ぎていないかどうかふり返ったり，問題に対処する方法をいろいろ考えたり，気分転換をしたりするというのは，私たちが毎日の生活の中で意識しないで実践している対処法です。

　私たちが毎日意識しないでやっていることには，こころを強くする大切なヒントがたくさん含まれています。それを少し意識するようにしただけで，私たちの気持ちはずいぶん楽になりますし，生きづらさも消えていきます。そのすべを子どもたちが身につけることができれば，その後の人生がずいぶん違ってきます。授業を通じて，充実した人生を送れる「こころの基礎力」をつけることができれば，それこそ教育の醍醐味です。

　本書は，その役に立てばと考えて，教育現場で活躍されている教師やカウンセラーのみなさんと一緒につくりました。作成の過程では，実際に現場で使ってみて何度も内容を練り直しました。指導案をつくって，教室で実践して，その結果をもとに改善するという作業を何度も繰り返しました。

　こころの基礎力を身につけるために，認知行動療法では，基本的な「型」を大事にします。私たちが気づかないまま使っている，ストレス対処の方法の基本的なパターンです。それを少しだけ意識するようにすれば，こころの力はぐんとのびます。まさに「こころのスキルアップ」です。

　勉強もそうですし，スポーツや伝統芸能，すべて基本になる型があります。基本の型を身につけるのには時間がかかることがありますが，いったんその型が身につけば，いろいろな場面で応用がきくようになります。

　こころのコントロールも同じです。しかも，そうした型は，私たちのからだやこころにもともと備わっているものです。決して特別なものではありません。そうした型をいくつか身につけることで，本来もっている自分の力を発揮できるようになります。ですから，認知行動療法は医療だけでなく，いろいろな生活場面で広く使われるようになってきているのです。具体的な活用術については，認知行動療法活用サイト「うつ・不安ネット：こころのスキルアップトレーニング」（http://cbtjp.net/）を参考にして下さい。

　本書で紹介しているこころのコントロール法が身につけば，子どもたちはそれぞれ"しなやか

に"考えることができるようになります。"しなやか"というのは，1つの考えにとらわれずに，いろいろな可能性を考えられるようになることです。

　私たちが悩んでいるとき，多くの場合は，自分を否定するような考えにとらわれて抜け出せなくなっています。周囲との人間関係にも悲観的になって，将来もよくないことしか考えられなくなっています。そうしたときに，他の可能性が考えられるようになると気持ちは楽になります。冷静になって問題に目が向くようになると，具体的な問題を解決できるようになります。こうして，学校でも，将来への希望をもって，自分らしく生きられるようになります。

　そうした考えは，人によって違いがあります。それぞれ少しだけ，ときにはずいぶん違う考えをもった人間が集まってできているのが人間社会です。その多様性が社会の活気を生み出します。自分の考えにこだわり過ぎずに，他の人の多様な考えを受け入れることができれば，ずいぶん気持ちが楽になります。人間関係も順調にいくようになります。学校でも，他の仲間を思いやる気持ちがもてるようになりますし，そうすればクラスの雰囲気や学校の雰囲気がよくなってきます。家庭での態度も変わってきます。

　多様性を受け入れるからといって，上級生や同級生から無理を押しつけられたときに，それをそのまま受け入れるのはよいことではありません。よくないことはよくないと言える勇気も大事です。イヤなことはイヤだと言って断ることができ，その上できちんと問題を解決できる力も必要です。

　ひどいことをされて腹が立つのは自然な反応です。それを抑え込む必要はありませんが，だからといって手が出て人を殴るのはよいことではありません。自分の気持ちや考えを上手に伝える力，気持ちを上手にコントロールする力も大切です。

　本書は，こうしたこころの力を育てる方法を子どもたちに伝えることができる教材になるようにつくりました。教育資材なのですが，先に書いたように，大人でも同じような方法を使ってストレスに対処することができます。ぜひ，先生方も日々の生活の中で利用していただければと思います。また，家庭で使っていただけると，家族全体のこころの健康が高まります。

　このように，本書には多くの可能性が含まれています。ぜひ学校で活用して，子どもたちが学校生活を，そしてその後の人生を生き生きと送れるこころの力を育てていただくこと，そして，教師や保護者など子どもを支える人たちが子どものための健康なこころの環境をつくっていただくことを切に願っています。

2015年　1月
執筆者を代表して
大野　裕

7つのコラム

①状況	●どのようなことがありましたか(具体的に)。
②気分	●どのような気分を強く感じましたか。
③思った/考えたこと(自動思考)	●そのとき,どのようなことを思いましたか。
④根拠	●なぜ,そう考えるのですか。そう考える"事実"や"経験談"を書きましょう。 【確かに】 【しかし】
⑤反証	●その考えに合わない"事実"や"経験談"はありませんか。
⑥現実的な思考/適応的思考	●確かに④だ,しかし⑤という事実もある と文章をつなげて下さい。 ●④と⑤を,機械的につなげた文章を読み返してみて,こころに浮かんだ「考え」を書いてみましょう。
⑦気分の変化	●②で記入した気分は,どのように変化していますか。

5つのコラム

①状況	●どのようなことがありましたか（具体的に）。
②気分	●どのような気分を強く感じましたか。
③思った／考えたこと（自動思考）	●そのとき，どのようなことを思いましたか。
④現実的な思考／適応的思考	●③の「考え」をふり返って検討した，バランスのとれた考え方は。
⑤気分の変化	●②で記入した気分は，どのように変化していますか。

■ 編著者紹介

大野　裕（おおの　ゆたか）
精神科医。慶應義塾大学医学部卒業と同時に，同大学の精神神経学教室に入室。その後，コーネル大学医学部，ペンシルバニア大学医学部への留学を経て，慶應義塾大学教授（保健管理センター）を務め，2011年6月より，独立行政法人 国立精神・神経医療研究センター 認知行動療法センターセンター長に就任，現在に至る。近年，精神医療の現場で注目されている認知療法の日本における第一人者で，国際的な学術団体 Academy of Cognitive Therapy の公認スーパーバイザーであり，日本認知療法学会理事長。一般社団法人認知行動療法研修開発センター理事長，日本ストレス学会理事長，日本ポジティブサイコロジー医学会理事長，日本うつ病学会や日本不安障害学会の理事など，諸学会の要職を務める。

中野　有美（なかの　ゆみ）
精神科医。椙山女学園大学准教授。名古屋市立大学医学部を卒業後，同大学の精神医学教室に入局，同教室の大学院を修了。同大学助教を経て，2012年4月より現職。大学院時代より認知行動療法の臨床と調査・研究に携わる。国際的な学術団体 Academy of Cognitive Therapy の認定治療者，認定評価者であり，日本認知療法学会幹事。現職入職後より，認知行動療法教育研究会の活動に参加し，授業プログラムの普及促進や学校および生徒への影響について調査を進めている。

■ 著者紹介

安藤　宜尚（あんどう　よしなお）
筑波大学第二学群人間学類卒業。在ヴィエトナム日本国大使館派遣員，いじめ・不登校の電話教育相談員，不登校児の学習支援活動，江東区青少年センター指導員等を経て，現在，岐阜県公立小学校教諭。2009年の立ち上げ当初より，認知行動療法教育研究会メンバー。

高橋　チカ子（たかはし　ちかこ）
福岡教員養成所卒業。公立学校に30年間勤務した後，スクールカウンセラー，青少年相談員，いじめ電話相談員を経て，現在は，精神科病院にて心理士として勤務。2009年に認知行動療法教育研究会を立ち上げ，認知行動療法の教育への導入などについて研究を続けている。

田中　友枝（たなか　ともえ）
都留文科大学文学部卒業。神奈川県公立小学校教諭，いじめ電話相談員を経て，2008年より相模原市教育委員会青少年相談センター電話相談員。2009年の立ち上げ当初より2014年まで，認知行動療法教育研究会メンバーとして活動。

西村　美智子（にしむら　みちこ）
臨床心理士。横浜市立大学文理学部心理学科卒業，青山学院大学大学院心理学専攻修士修了。横浜市青少年相談センター相談員，東京都スクールカウンセラーを経て，現在，精神科クリニックカウンセラーおよび荒川区引きこもり相談員。2009年の立ち上げ当初より2014年まで，認知行動療法教育研究会メンバーとして活動。

吉ヶ江　照美（よしがえ　てるみ）
日本女子大学家政学部家政経済学科卒業。神奈川県公立中学校教諭として37年間勤務。うち4年間は青少年相談室に勤務し，教育相談，適応指導教室での児童生徒の指導に当たる。2013年より，認知行動療法教育研究会メンバー。

しなやかなこころをはぐくむ
こころのスキルアップ教育の理論と実践(DVD付)
©ONO Yutaka & NAKANO Yumi, 2015　　　　NDC374 / viii, 183p / 26cm

初版第1刷	2015年2月20日

編著者	大野　裕・中野有美
著者	認知行動療法教育研究会
発行者	鈴木一行
発行所	株式会社大修館書店 〒113-8541　東京都文京区湯島2-1-1 電話03-3868-2651(販売部)　03-3868-2297(編集部) 振替00190-7-40504 [出版情報]http://www.taishukan.co.jp

装丁者	松本明日美
本文レイアウト	天願由梨乃
イラスト	岡部　篤
印刷所	広研印刷
製本所	難波製本

ISBN978-4-469-26771-6

Ⓡ本書のコピー，スキャン，デジタル化等の無断複製は著作権法上での例外を除き禁じられています。本書を代行業者等の第三者に依頼してスキャンやデジタル化することは，たとえ個人や家庭内での利用であっても著作権法上認められておりません。

本DVDに収録されているデータの無断複製は，著作権法での例外を除き禁じられています。